기업문화, 조직을 움직이는 미래 에너지

기업문화Cell 지음

Vel Volamus Vel Cadimus

기업 문화, 조직을 움직이는 미래 에너지

기업문화Cell 지음

아템포

지속가능한 혁신적 조직문화의 생생한 현장 보고서

김경준(前 딜로이트 컨설팅 부회장)

한국의 도전 정신, 일본의 조직력, 미국의 합리주의라는 삼박자

세상은 시나브로 변하고 시간은 모든 것을 변화시킨다. 인간은 생로병사, 조직은 흥망성쇠를 거친다. 도전과 응전, 성공과 실패가 교차하면서 다채로운 역사가 쓰인다. 이러한 과정에서 분출하는 에너지와 진행 경로, 궁극적인 도달점은 각양각색이다. 신한은 40년 전 금융산업의 미약한 신참자로 시작하여 오늘날 강대한 주도자로 도약하였다. 이 과정은 초창기 벤처 조직의 도전 정신과 역동성을 유지하고 발전시키면서 지속적으로 혁신하는 조직문화를 체화하는 연속적 흐름이었다.

산업 시대 기업의 핵심 자원은 '토지, 노동, 자본'이라는 하드웨어였지만 1980년대 정보화 시대가 본격화되면서 '특허, 기술, 문화' 등의 소프트 경쟁력이 부각되었다. 특히 기업문화는 기저에서 구성원의 생각과 행동을 형성하는 동인으로서 관심이 높아졌다. 그러나 문화는 명확히 규정하기 어렵고, 개선 방향이 모호하며, 실질적인 변화에도 많은 시간이 소요되는 특성이 있다. 당시 국내 기업들도 관심은 많았으나 구체적 실행 방법을 정립하기는 어려웠다. 이러한 시대에 신한은 새로운 접근 방식과 과감한 실행 역량에 기반한 혁신적 조직문화의 전범을 만들었다.

1982년 출범한 신한은행은 기존 관행에 도전하여 주목을 끌었다. 경동시장, 동대문시장, 남대문시장을 누볐던 동전카트로 대표되는, 고객에게 접근하는 신선한 시도들이 이어졌다. 표면적으로 두드러지는 다양한 이벤트의 저변에는 개방적이고 혁신적인 DNA라는 기업문화의 본질이 깔려 있었고, 이후 기초 체력으로 자리 잡으면서 지속적인 성장의 원동력이 되었다.

신한 기업문화의 근간은 한국의 도전 정신에 일본의 조직력과 미국의 합리주의가 만나서 분출한 역동성이었다. 한국인에게 내재된 야성이 불가능에 도전하는 정신의 출발점이었다. 그리고 일본 오사카 지역 재일교포들이 어려운 여건에서 사업을 일군 근성과 조직력에 미국식 합리주의가 중첩되었다. 신한은 한국-일본-미국의 접점에서 만들어진 혁신적 에너지가 문화적·사업적 융합 과정을 거치고 조직 차원에서 분출되면서 도약했다. 그리고 이러한 성취는 단위 기업의 성과를 넘어서 우리나라 금융산업의 변화와 발전을 선도하는 결과로 이어졌다.

이러한 과정에서 보여준 '개방성, 조직력, 지속성'의 원천은 초기 신한은행의 사내 교육 프로그램에서 실감된다. 1980년대에 발간된 신한은행 내부 교육 자료였던 일본 작가 시오노 나나미의 『로마인 이야기』와 신한종합연구소에서 발행한 『베네치아 이야기』를 개인적으로 접했었다. 두 권 모두 국내에 출간되기 전이었다. 실무 교육만으로도 시간이 모자랄 신생 은행이 의외로 역사서를 정식 교재로 채택하여 조직원들을 집중적으로 학습시키고 있었다. 당시 경영진은 당대를 선도하고 후대에도 막대한 유산을 남긴 두 나라를 성공하게 한 개방성, 조직력, 지속성을 신한의 기업문화에 접목했다. 이후 신한은행의 발전은 초창기부터 시작한 혁신적 조직문화에 대한 치열한 모색과 지속적 추구가 기반이었음을 웅변한다.

기업문화를 원동력으로 도약

신한은 국내 기업 중에서 기업문화에 대한 이해도, 개념 설정과 실행 역량에서 앞서 나갔다. 경영진이 설립 초기부터 새롭고 혁신적인 기업문화의 구축을 사업 성공의 요체로 설정하고 전사적으로 노력하였기 때문이다. 국내에 기업문화가 소개되었으나 추상적 개념에 머물러 있던 1980년대에 신한은 조직문화의 지향점, 명확한 슬로건, 다양한 사례의 구체적인 실행 프로그램까지 개발하여 조직원들에게 체화시켰다. 이러한 과정이 이후의 성장을 견인하였고, 1997년 IMF 구제금융이라는 국가적 위기로 인한 국내 산업의 전반적 재편 과정에서 금융산업의 주도자로 자리매김하였다.

그러나 이러한 성취가 역설적으로 조직문화에 대한 고민을 불러왔다. 단일 업종이었던 은행은 증권, 보험 등 금융업 전반을 아우르는 금융지주로 확대되어 전체 조직 차원의 다양성과 복잡성이 높아졌다. 또한 과감하게 결정하고 신속하게 실행하였던 작은 조직의 몸집이 불어나면서 역동성이 저하되고 관료화가 진행되는 측면도 나타났다. 더욱이 아날로그 시대 지점망을 근간으로 하였던 금융산업은 디지털 시대를 맞아 정보 기술 플랫폼 기반으로 사업 모델이 변하고 있다.

철학적 사유를 발달시켰던 고대 그리스인은 시간을 크로노스Chronos와 카이로스Kairos로 구분했다. 크로노스는 객관적 측정 기구인 시계와 달력상에 나타나는 물리적으로 흘러가는 시간으로 인간과는 분리된 절대적 양의 개념이다. 이와 달리 카이로스는 특정 의미가 부여된 주관적인 시간이다. 인간이 현실에서 만들어내는 상대적 질의 개념이다. 크로노스는 1일, 1개월, 1년처럼 객관적으로 흘러가지만, 카이로스는 사건별로 진행되며, 천천히 가기도 하고 급속히 흐르기도 하며, 때로는 거꾸로도 흐른다. 인간의 삶에서 운명을 결정지은 1일이 있는 반면 무의미하게 흘러간 1년도 있다. 마찬가지로 조직에서도 명운이 엇갈린 격동의 1년, 평온하게 지나간 10년이 교차한다.

신한에게 1980년대 초창기 기업문화 정립 및 2000년대 금융산업 주도자로의 부상은 두 차례의 카이로스적 분기점이었다. 이제 디지털 시대라는 새로운 환경이 도래하는 세 번째 분기점을 맞아, 100년 미래로 항해하는 나침반으로서 기업문화를 재조명할 필요성이 생겨났다.

미래 디지털 시대 100년을 항해하는 나침반, 기업문화

21세기 디지털 시대를 맞아 신한은 아날로그 시대의 성공 방정식이었던 기존의 기업문화를 새로운 환경에 부합하도록 발전적으로 변화시켜, 미래에도 지속가능한 성장을 견인해야 하는 과제에 직면했다. 기업문화가 과거의 성공에 매몰되면 화석이 되어 조직의 역동성을 저하시키고, 그렇다고 과거를 단선적으로 부정하면 미래를 향한 시야가 협소해지기 마련이다. 현재의 성취를 기반으로 과거를 발전적으로 계승하여 미래를 열어나가는 새로운 출발점의 차원에서 기업문화를 재해석하고 지향점을 재정립해야 한다.

이러한 시점에서 기업문화Cell은 기업문화의 관점에서 과거를 반추하고 현재에 발을 딛고 미래를 조망하는 작업을 시작하였다. 단순하고 평면적인 연대기적 기록물이 아니라 오늘에 이르기까지 태동하고 발전해온 기업문화에 대한 복합적이고 입체적인 재조명이다. 특정 기업 조직문화의 형성 배경과 개념, 발전 과정, 실제 적용 사례이기에 특수하면서도 동시에 영역을 불문하고 조직문화 혁신에 타산지석이 되는 보편적 내용이기도 하다. 국내 환경에서 실존하는 신한이기에 특유한 고민과 모색의 상당 부분이 다른 조직에도 공통적이기 때문이다.

예를 들어, 신한이 혁신을 '익숙하지만 새롭게, 새롭지만 익숙하게' 선택하고 진행 과정에서 발생하는 갈등을 관리하는 방식은 보편적 시사점이다. 또한 신한의 용어인 '파이팅 스피릿', '혜성', '문화적 부채' 및 '신한 50훈'을 비롯하여 창립 40주년을 맞아 핵심 가치로 설정한 '바르게, 빠르게, 다르게'도 마찬가지다.

본서에는 신한이 기업문화의 관점에서 지나온 항로를 되짚어 보고 앞으로 나아갈 방향타를 설정하면서 모색하고 실행하는 현장의 경험이 생생하게 담겨 있다. 따라서 독자들이 신한을 도약시킨 기업문화의 도입과 발전, 개념과 실질을 이해하고 이를 자신이 소속된 조직에 적용함에 있어 통찰과 시사점을 얻을 수 있을 것으로 기대한다.

차례

Part 2. 품격 있는 문화를 위한 프락시스

Part 3. 에너지를 남기는 사람들

계속
존재할 수 있을까

격변이 만드는 실존 문제

지금 우리가 살고 있는 시대를 어떻게 정의할 수 있을까요? "언어의 한계가 세계의 한계다"라는 루트비히 비트겐슈타인의 말처럼 현시대를 한두 단어로 정의하는 것이 오히려 현실을 왜곡하는 게 아닌지 두려울 정도로 변화무쌍하고 모호한 세계가 눈앞에 펼쳐지고 있습니다. 한 가지 확실한 것은 우리들을 단단히 지탱해 주던 기본 가정들이 흔들리고 있으며, 이런 흔들림은 한두 번으로 끝나지 않고 앞으로도 계속될 것이라는 사실입니다. 흔들림의 주기가 더욱 짧아질 것이고, 강도는 세지고 폭 또한 넓어지리라는 사실도 자명합니다. 그 원인이 디지털 기술의 급격한 발달이든, 인간이 오염시킨 지구의 역습이든, 눈에 보이지 않는 바이러스의 공격이든 우리는 당연하다고 생각했던 것에서 벗어나 새로운 답을 찾아야 하는 숙제를 마주하고 있는 것입니다.

격변이 우리에게 주는 경고이자 교훈은 결국 '늘 겸손하라'입니다. 자신이 갖고 있는 지식이 만고불변의 진리인 양 착각하고 있는 사람들에게 '세상에는 당연한 것도 영원한 것도 없다'는 사실을 알려주며, 늘 변화하라고 주문하는 것입니다. 사실 우리는 변화해야만 한다는 사실을 알고 있고, 변화해야겠다는 의지도 갖고 있습니다. 하지만 실제로 변화를 시도하는 일이 쉽지 않다는 것을 경험으로 알고 있습니다. 독일의 철학자인 파울 틸리히Paul Tillich는 사람들이 쉽사리 변화를 선택하지 못하는 이유가 세 가지 원초적 두려움 때문이라고 말합니다. 변화를 완성하지 못하고 사멸할 수밖에 없다는 '존재론적 두려움', 현시점에서 추진한 변화의 과정과 결과가 미래의 사회적 요구와 기준에 부합하지 못해 주변으로부터 큰 비난을 받을 수 있다는 '사회적 · 역사적 두려움', 마지막으로 내가 시도한 변화로 나의 정체성이 훼손될 수 있다는 '의미적 두려움'입니다. 이런 두려움으로 인해 변화보다는 현상 유지를 선택하게 된다는 것입니다.

그렇다면 인간은 영원히 변화하지 못하는 존재일까요? 아닙니다. 틸리히는 지금 우리의 삶이 100년 전 또는 1000년 전과 다른 것처럼 인간은 변화를 만드는 방법을 찾아냈다고 말합니다. 인간이 찾은 방법은 매우 단순합니다. 내가 사라지더라도 나의 생각과 DNA, 즉 나의 에너지를 이어받은 누군가가 변화를 완수할 것이라고 믿는 것입니다. 유한한 존재로서 갖는 근본적 두려움과 실존적 문제에 좌절하지 않고, 에너지를 남긴다는 생각으로 접근하는 것입니다. 이것이 의식이 있는 생명체가 변화된 환경에 적응하며 대대손손 실존적 문제를 해결하는 방식입니다. 특히, 역사학자 유발 하라리는 사람들의 믿음은 집단을 통해 전달된다고 주장합니다. 가족, 친척, 국가처럼 자연발생적으로 만들어진 집단뿐만 아니라 각종 기관, 회사, 단체, 조합, 커뮤니티 등 의도적으로 만들어진 집단을 통해 믿음을 전달한다는 것입니다.

실존의 결과인 문화

자연발생적 조직이 생존이라는 원초적 열망을 해소하기 위해 형성된 것이라면, 만들어진 조직은 저마다 다른 목적을 가지고 있습니다. 각각의 목적은 조직 내에 자리 잡은 공통된 '믿음'을 통해 알 수 있습니다. 믿음은 조직에 속한 사람들을 연결하는 보이지 않는 끈이자 새로운 사람을 받아들이거나 누군가를 떠나보내야 할 때 사용하는 기준이 되기 때문입니다. 보통 믿음 안에는 해당 조직의 존재 이유, 이상적으로 생각하는 조직의 모습, 조직에 속한 사람으로서 지켜야 할 것 등이 들어 있습니다. 기업을 예로 들면 '금융으로 세상을 이롭게 한다', '전 세계의 정보를 모두가 평등하게 이용할 수 있도록 한다', '지속가능한 지구를 만드는 데 기여한다' 등의 미션을 설정하고, 이를 통해 '더 쉽고 편안한 새로운 금융회사', '세상의 수많은 정보 중에서 가장 의미 있는 것을 가장 빠르게 제공하는 회사', '세계에서 가장 지구적인 회사' 등의 비전을 그립니다. 또한 미션과 비전에 맞게 '우리 회사는 바르게, 빠르게, 다르게를 실천합니다'와 같은 공통의 기준을 만듭니다. 물론, 이 세 가지를 반드시 모두 갖추고 있어야 한다는 뜻은 아닙니다. 또한 가시적인 슬로건이나 단어 등으로 표현되지 않을 수도 있습니다. 다만 해당 조직에 속한 사람들의 생각과 행동에 자연스럽게 녹아 있으면 됩니다. 의사결정을 할 때나 누군가와 협력하고 관계를 맺을 때 보이지 않는 손처럼 작동하는 것입니다. 말하지 않아도 자연스럽게 받아들이고, 새로운 사람이 조직에 들어왔을 때 "우리는 이런 사람들이다"라고 이야기해줄 수 있으면 됩니다. 그리고 이런 과정이 반복되고 축적되면 조직의 정체성으로 자리 잡고 문화가 만들어집니다.

문화는 실존의 증거이자 흔적입니다. 문화에는 조직이 왜 태어났고, 어떤 길을 걸었는지 그리고 한 걸음 한 걸음 걸으며 무슨 경험을 했는지가 고스란히 녹아 있습니다. 너무나 힘들었던 오르막길에서 무슨 생각을 했는지, 중간에 길이 사라졌을 때 어떤 행동을 취했는지, 중요한 갈림길에 섰을 때 어떤 기준을 갖고 선택했는지가 흔적으로 남습니다. 이렇게 남겨진 흔적들이 문화적 에너지입니다. 누군가 에너지를 남기고, 또 다른 누군가는 넘겨받은 에너지를 바탕으로 새로운 미래를 그려낼 때 조직은 계속 존재할 수 있습니다. 단, 에너지를 넘겨받는 것을 과거의 방식을 그대로 답습한다는 뜻으로 오해해서는 안 됩니다. 『기업문화*Corporate Cultures*』의 공동 저자인 테런스 딜Terrence E. Deal은 "문화는 쌍방향적이고, 역동적이며, 창조적 개념이다"라고 말했습니다. 문화는 고정불변의 것이 아니라, 끊임없이 재해석되고 새로운 관점이 덧붙여지는 동적이고 진화적인 개념이라는 의미입니다. 좋은 문화를 가지고 있는 기업은 문화가 동적인 개념임을 잘 이해하고, 흔적 속에 남겨진 '답'이 아니라 '질문'에 집중합니다. 우리보다 앞선 세대가 남긴 답은 그 당시의 시대상을 반영하여 찾은 것입니다. 따라서 오늘날에 맞지 않을 수밖에 없습니다. 중요한 것은 질문입니다. 답은 틀릴 수 있지만 질문은 틀릴 수 없습니다. 창업을 했을 때, 위기를 직면했을 때, 새로운 성장 기회를 포착했을 때 던졌던 묵직한 질문이 무엇인지 이해하고, 이를 지금 상황에 맞게 던져야 합니다.

흔적에서 발견한 것들

기업문화를 고민한 사람들은 "우리는 어떤 조직을 만들고자 하는가?"라는 질문을 시작으로 "좋은 기업문화란 무엇인가?", "기업문화를 창조하고 관리하는 사람은 어떤 생각과 행동을 갖추어야 하는가?"라는 질문을 끊임없이 던졌습니다. 표현 방식은 조금씩 달라졌을지 몰라도 우리는 여전히 같은 질문을 던지고 있고, 여전히 답이 무엇인지 고민하고 있습니다. 계속해서 같은 질문을 던지는 이유는 조직에는 '날 것인가 떨어질 것인가'라는 두 길만 주어질 뿐, 제삼의 길은 주어지지 않는다는 믿음 때문입니다.

지속가능한 조직과 쇠퇴하는 조직에서 보내는 신호와 소음을 구분하기 위해 앞선 세대가 고민한 내용을 다시 읽어보고, 문화를 실질적으로 창조하고 관리하는 과정에서 나온 스토리를 수집했습니다. 그리고 남겨진 흔적들 속에서 기업문화 차원에서 가장 경계해야 할 것이 관료화, 권위주의, 평균화라는 사실을 발견했습니다. 관료제는 조금만 방심하면 언제든지 관료화되어 조직의 존재 이유인 고객을 조직으로부터 멀어지게 합니다. 조직을 움직이는 공식적인 힘이자 의사결정과 소통의 기반이 되는 권위는 시대가 요구하는 변화를 반영하지 못하는 순간 권위주의로 변질되어 조직의 유연성과 창의성을 잠식합니다. 절박함을 잊은 구성원들은 미지의 영역을 찾아 도전하기보다 안전지대에 머물며 관여자가 아닌 관찰자로서의 삶만 살아갑니다. 조직이 겪는 문제는 다양하게 표현되지만 본질은 결국 이 세 가지라 할 수 있습니다. 단, 여기에 정리된 내용은 지금까지 찾은 답이자 흔적일 뿐입니다. 이 흔적들을 읽고 스스로 질문하고 자신만의 답을 찾아야 합니다. 안전하고 건강한 사회는 강력한 법이 아니라 사회적 책임을 다하는 시민에 의해서만 만들어진다는 말처럼, 우리를 웃고 울게 하는 기업문화를 견고하게 만들기 위해서는 문화를 잘 이해하고 관리할 수 있는 사람이 필요하기 때문입니다. 아무쪼록 기업문화에 관심 있는 분들이 조금 더 좋은 생각을 하는데 작은 기여를 할 수 있었으면 하는 바람입니다.

마지막으로 책이 나오기까지 너무나 많은 관심과 지원을 보내주신 분들께 감사의 마음을 전하고 싶습니다. '신한문화 리부트 RE:Boot'라는 어젠다를 통해 기업문화를 원점에서 재검토할 기회를 주신 조용병 회장님, 바쁜 시간을 쪼개 집필진과 토론하며 기업문화를 보는 눈과 철학을 만들어주신 진옥동 은행장님, 기업문화에 녹아 있는 다양한 스토리를 통해 상상력을 키워주신 정용욱 그룹장님, '왜'라는 질문을 통해 문화적 현상의 본질을 볼 수 있도록 코칭해주신 강영홍 본부장님과 이재구 부장님께 감사드립니다. 기업문화에 대한 책을 쓴다고 말씀드렸을 때, 흔쾌히 감수 의뢰를 수락해주시고 힘들 때마다 "책은 많이 아는 사람이 쓰는 것이 아니라 용기 있는 사람이 쓰는 것이다"라며 저희를 응원해주신 김경준 대표님과 도서의 주제 선정과 구성, 편집 등 출판 관련 모든 업무를 도맡아 처리해주신 교유당 신정민 대표님과 관계자 여러분께도 감사의 마음을 전합니다. 마지막으로 지면에 다 담지는 못하지만 이 책을 위해 인터뷰에 응해주신 분들과 지속가능한 기업문화를 위해 기억하고, 질문하며, 연결할 수 있는 에너지를 남겨주신 모든 분께 감사드립니다.

2022. 12. 30.

대표 저자 정지웅

Part 1

기업 문화를 둘러싼 질문들

Part. 1-1

기업문화는 언제부터 주목받았을까?

코페르니쿠스적 전환

코페르니쿠스는 고대부터 전해오던 천동설을 천체 관측과 궤도 계산을 통해 태양 중심 우주론으로 전환한 천문학자입니다. 프톨레마이오스로부터 이어진 천동설은 지구를 중심으로 모든 천체가 돈다는 이론입니다. 인간의 눈으로 보면 해가 동쪽에서 떠서 서쪽으로 지고, 밤하늘의 별은 지구를 중심으로 돌기에 천동설은 의심할 여지가 없는 명백한 진리였습니다. 다만 일각에서 행성들이 역행하거나 일정해야 할 행성의 크기가 변한다는 문제가 관찰되었습니다. 그때마다 저명한 천문학자들은 천동설 자체에 의문을 제기하기보다 관찰된 이상 현상을 설명하는 추가적인 가설을 덧붙이며 천동설을 더욱 공고하게 만들었습니다. 하지만 시간이 지나면서 천동설에 기반해 예측한 일식과 월식의 오차가 커졌습니다. 오차가 커짐에 따라 예측 자체가 불가능한 상태에까지 이릅니다. 이런 상황에서 기존 이론을 보완할 방법만 고민하던 사람들과 달리 코페르니쿠스는 대전제가 틀릴 수 있다는 생각을 하게 됩니다. 태양이 지구의 주위를 도는 것이 아니라 지구가 태양의 주위를 돈다고 생각한 것입니다. 이렇게 새로운 전제로 천체를 관측하자 그동안 복잡하게 보였던 별의 움직임이 너무나 명료하게 설명되었습니다. 비록 코페르니쿠스는 지구가 움직인다는 사실을 증명할 수 없었지만, 그의 새로운 우주관은 천문학을 근본적으로 바꿔놓았습니다.

코페르니쿠스의 업적을 기려 기존의 사고방식과 세계관에 근본적 변화를 만든 사람 또는 사건을 가리켜 '코페르니쿠스적 전환Copernican Revolution'이라 부릅니다. 그렇다면 코페르니쿠스적 전환이라는 표현은 누가 가장 먼저 사용했을까요? 독일의 철학자 칸트가 『순수이성비판』에서 처음 사용한 것으로 알려져 있습니다. 자신의 철학적 견해가 코페르니쿠스처럼 근본적 변화를 만들기를 바란다는 점을 은유적으로 표현한 것입니다. 실제로 "칸트 이전의 모든 철학은 칸트라는 큰 호수로 들어오고, 칸트 이후의 모든 철학은 칸트에서 시작되는 물줄기다"라는 말처럼 그의 바람은 현실이 되었습니다.

칸트가 생각한 코페르니쿠스적 전환

칸트가 추구했던 코페르니쿠스적 전환은 자연과학에서의 그것과 차이가 있습니다. 칸트는 관찰·실험 등을 통해 명확한 참과 거짓을 밝히는 것을 넘어 인식의 변화를 강조합니다. 칸트가 활동하던 시기에는 경험주의와 합리주의 간에 첨예한 인식론적 논쟁이 진행되고 있었습니다. 경험주의는 감각 체계를 통해 진리를 얻을 수 있다는 입장입니다. 오직 감각되는 것만이 진실이라는 아리스토텔레스의 영향을 받은 이론으로, 귀납적 방법을 중시했습니다. 반면, 합리주의는 이성과 사고를 통해서만 진리에 다가갈 수 있다는 플라톤의 영향을 받은 사조입니다. 오직 사유되는 것만이 존재한다고 믿고, 연역법에 따라 논리를 전개합니다. 이 둘의 접근법은 다르지만 결국 '어떻게 하면 대상을 있는 그대로 인식할 수 있을까'에 대한 고민의 결과입니다. 칸트는 두 사조 모두를 비판합니다. 진리와 지식은 경험이나 이성 단독으로 이해하는 것이 아니라 이 둘의 종합적 현상으로 파악해야 한다는 것입니다. 우리가 추구하는 진리는, 처음에는 경험을 통해 인식되지만 최종적으로는 이성적 사고에 의해 완성된다고 본 것입니다. 특히 그간의 철학적 논쟁이 사물이나 진리라는 대상을 중심에 두었다면, 칸트는 진리를 향해 나아가는 사람과 과정이 중요하다고 생각했습니다. 칸트는 "나는 철학을 가르치지 않는다.

다만 철학하는 법을 가르칠 뿐이다"라고 말하며, 특정 대상에 집착하기보다 스스로 생각하고 의심하는 힘을 키우라고 강조합니다. 칸트가 주창한 인간 주체 중심의 사고관은 개인과 실존을 강조하는 현대 철학에 기반을 제공했으며, AI 연구의 기본이 되는 마음 모델의 원형이기도 합니다.

전환의 시작점이 되는 위기

코페르니쿠스와 칸트 모두 거대한 전환을 이루어내고 미지의 영역을 현실로 끌어냈다는 공통점이 있습니다. 그렇다면 코페르니쿠스적 전환은 왜 발생하는 것일까요? 다양한 의견이 존재하지만 『과학혁명의 구조』의 저자인 토머스 쿤Thomas S. Kuhn은 '위기Crisis' 때문이라고 말합니다. 이때의 위기는 우리가 일상에서 사용하는 개념과 조금 차이가 있습니다. 쿤이 정의한 위기는 '어떤 현상을 이해함에 있어 기존 패러다임이 더 이상 적절한 구실을 하지 못한다는 의식이 증대하는 것'입니다. 즉, 우리가 '정상Normal'이라 불렀던 것들이 제 기능을 하지 못한다는 깨달음이 전반적으로 퍼져나가는 것을 위기라고 정의한 것입니다. 환경의 변화, 생각지도 못했던 사건·사고, 기술이나 도구의 발전 등으로 정상의 테두리에 넣을 수 없는 현상이 지속적으로 등장하거나 발견되면, 처음에는 비정상을 억압하지만 그것이 축적되면서 우리는 새로운 정상에 대해 고민하게 되고, 그 결과 새로운 정상 즉 '뉴 노멀New Normal'이 등장한다고 봅니다. 절대 진리라고 여겼던 아리스토텔레스의 물리학이 뉴턴의 물리학에 의해 대체되고, 뉴턴의 물리학 또한 새롭고 이상한 생각이라고 평가받았던 상대성이론과 양자역학에 자리를 내준 것이 바로 지속적으로 뉴 노멀이 만들어지는 프로세스의 예라 할 수 있습니다.

쿤은 '패러다임'이라는 용어를 정의하면서 절대성에 빠지지 말 것을 강조했습니다. 공동체 구성원이 공유하는 믿음이나 가치, 세계관을 뜻하는 패러다임은 당대를 살아가는 사람들의 합의에 의한 것인 만큼 끊임없이 재탄생할 수밖에 없다는 점을 인정한 것입니다. 그리고 재탄생의 과정에서 나타나는 충돌이 위험한 것이 아니라, 충돌 이후 새로운 패러다임으로 전환하지 못하는 것이 진짜 위험하다는 점을 강조합니다.

그때는 맞았지만 지금은 틀릴 수 있다

위기로 인한 충돌, 재합의 그리고 전환의 과정은 지난합니다. 코페르니쿠스가 지동설을 주장한 이후, 갈릴레오가 지동설을 지지했다는 이유로 종교재판에 넘겨져 지동설에 대한 지지를 철회

하기를 강요받았습니다. 이 사건이 일어난 지 약 400년이 지난 1992년이 되어서야 교황이 사과한 점만 보더라도 하나의 세계관을 바꾸는 일이 얼마나 어려운지를 잘 알 수 있습니다. 노벨물리학상 수상자인 막스 플랑크Max Planck 교수가 "새로운 지식은 반대하는 사람들을 설득하고 이해시켜서가 아니라 반대자들이 나이가 들어 사라지기 때문에 받아들여지는 것이다"라고 말했을 정도로 과학적 사실조차 쉽게 받아들여지지 않습니다.

생각이나 세계관은 마음만 먹으면 한 번에 바꿀 수 있는 것이 아닙니다. 만나고, 듣고, 읽고, 말하고, 사색하면서 조금씩 변화해가는 것입니다. 그동안 너무나 소중하게 생각했던 것이 비판의 대상이 되기도 하고, 보잘것없어 보였던 것이 주류로 올라서기도 하기에 이성적으로는 옳다고 생각하더라도 감정적으로는 받아들이기 쉽지 않은 경우가 많습니다. 그러나 결국 임계치에 다다르고 우리는 결단의 시간이 왔다는 것을 알게 됩니다. 결단은 결정과 다릅니다. '결단決斷'이란, 한자에서 볼 수 있듯이 끊어내는 행동을 포함합니다. 상당한 대가를 치르더라도 기꺼이 옹호하겠다는 의지가 담겨 있습니다.

'체스터턴의 울타리Chesterton's Fence'라는 은유가 있습니다. 지금의 눈으로 보면 통행을 방해하는 아무짝에도 쓸모없는 울타리더라도, 생겨난 데에는 다 이유가 있으니 무언가를 옮기거나 바꾸려면 그게 왜 그 자리에 있는지부터 이해하라는 뜻입니다.

한국에도 비슷한 예가 있습니다. 서울 모 역 출입구에 굳이 있을 필요가 없어 보이는 곳에 설치되어 오히려 통행을 방해하는 계단이 있었습니다. 사람들은 이 계단을 '멍청한 계단'이라고 조롱했습니다. 하지만 서울에 내린 집중호우로 인해 이 계단의 설치 목적이 알려지면서 오히려 '고마운 계단'이라고 칭송받았습니다. 해당 계단은 차수판을 설치하기 위한 보조 계단이었던 것입니다. 일상적인 눈으로는 이해되지 않던 상황이 그 목적을 아는 순간 이해가 된 것입니다. 이와 같은 일은 생각보다 빈번할 수 있습니다. 그래서 우리는 '그때는 맞았지만 지금은 틀릴 수 있다'고 생각하는 태도가 필요합니다. 우리가 가지고 있는 사고 체계를 전부 부정하자는 것이 아닙니다. 과거에 우리가 처한 상황과 맥락에서 최선의 선택을 했지만, 지금은 다른 선택을 해야 할 시기라는 점을 받아들이자는 것입니다. 우리가 기억해야 할 것은 '무엇'을 선택했느냐가 아니라 '왜' 선택했느냐입니다. 그래야만 변화하는 상황에 맞춰 유연하게 전환할 수 있습니다.

역학 관계에 기반한 전환

정상이라고 받아들여지는 패러다임의 형성, 지금 시각에서 이해하기 어려운 현상의 출현, 이로 인한 팽팽한 긴장과 충돌 그리고 새로운 패러다임의 등장은 자연과학뿐만 아니라 사회과학 분야에서도 쉽게 발견할 수 있습니다. 하지만 진행 양상에는 차이가 있습니다. 자연과학 분야에서는 참과 거짓을 구분하는 것이 가능하지만 사회과학 분야에서는 구분하기가 모호합니다. 이는 사회과학의 연구 대상이 결국 사람이기 때문입니다. 사람들은 자신만의 자의식과 가치관이 있고, 처한 환경이 각기 다르기 때문에 모두를 아우르는 보편타당한 법칙을 도출하기가 매우 어렵습니다. 주류로 올라선 사조가 존재할 수 있지만 그것이 모든 것을 압도하는 완벽한 진실이라 하기에도 한계가 있습니다. 그래서 자연과학과 달리 정반합正反合의 과정이 훨씬 치열하고 빠르게 진행됩니다.

사회과학 중에서도 패러다임의 변화 속도가 단연 빠른 것이 경영 분야입니다. 환경, 제도, 기술, 인간 등에서 나타난 변화에 민첩하게 대응하지 못하면 기업은 한순간에 사라질 수 있기 때문입니다. 경영에 대한 정의는 매우 다양하지만 종합해보면 '의미 있는 목표를 달성하기 위해 사람들이 효율적이고 효과적으로 업무를 수행하도록 만드는 과정'이라 할 수 있습니다. 경영의 정의에는 시대정신을 투영해 해석해야 하는 단어가 많습니다. 현재와 미래에도 의미 있는 목표가 무엇인지 예측해 우선순위를 설정해야 합니다. 효율과 효과도 시대에 맞게 재정의해야 하며, 경영 활동을 수행하는 주체인 사람의 변화에 따라 그들에게 어떻게 동기를 부여할 것인지에 대해서도 고민해야 합니다. 단순히 BPRBusiness Process Reengineering, TQMTotal Quality Management, 식스 시그마 등 당대의 최신 기법을 도입하는 차원이 아닙니다. 다양한 이해관계자들이 기업에 기대하는 것들을 충족하며 조직이 지속가능하도록 만드는 철학적 접근이 필요합니다.

"경영이 곧 삶이고, 삶이 곧 경영이다"라는 말이 있습니다. 경영을 단순히 산업이나 기업, 경제 활동 등과 연관 지어 생각하기보다 인간이 의지를 갖고 행하는 모든 것을 경영으로 볼 수 있다는 뜻입니다. 그래서 인간의 의지와 무관하게 존재하거나 스스로 움직이는 것을 '자연현상', 인간이 의도를 갖고 하는 모든 행위를 '경영 활동'으로 구분하기도 합니다. 이처럼 개념이 포괄적이기에 논쟁도 치열합니다. 근대 경영학이 자리 잡은 20세기 이후의 모습을 살펴본다면 결국 통제와 자율의 싸움이라 할 수 있습니다. 최대한 효율적으로 일할 수 있도록 과학적으로 업무를 분석해 주어진 일만 하게 할 것인가, 아니면 창의성을 키우기 위해 최대한 자유를 부여하고 스스로 몰입할 수 있도록 할 것인가의 힘 싸움, 즉 역학 관계였다고 볼 수 있습니다. 이미 이 논쟁은 결론이 났다고 생각할 수 있습니다. 하지만 지금 기업문화 차원의 문제라고 불리는 현상들을 보면, 여전히 통제와 자율 사이의 힘 싸움이 계속되고 있음을 알 수 있습니다.

효율성에 기반한 과학적 관리

기업 경영에 대한 체계적인 틀이 만들어진 것은 산업혁명 이후입니다. 산업혁명은 경제·사회 전반에 엄청난 변혁을 가져왔습니다. 가장 큰 변혁 중 하나가 가내수공업이 공장제 생산 체제로 전환된 것입니다. 개인의 집에서 소규모로 제품을 생산하던 방식이 큰 공장에 여러 사람이 모여 생산하는 방식으로 바뀌었습니다. 산업혁명 이전에는 생산수단을 가진 사람과 생산에 참여하는 사람이 동일했다면, 이제는 자본가들이 준비한 공장과 기계를 활용해 개인은 노동력만 제공하면 되는 방식으로 변한 것입니다. 노동의 성격이 기술자 혹은 장인의 노동에서 단순한 육체노동으로 변화된 것입니다. 이와 함께 당시 서구 열강들의 제국주의 정책으로 인해 아프리카, 아시아 등 새로운 시장이 열리면서 공급이 수요를 따라가지 못하는 상황이 발생했습니다.

한정된 시장에 내다 팔 때는 문제가 되지 않았으나 시장이 커지니 생산성과 효율이 이슈가 되었습니다. 수요량은 생산량에 비례한다는 관념이 자리 잡으며, 대규모 자본을 조달해 투자한 사업가 입장에서는 생산성을 높이는 일이 무엇보다 중요한 문제가 된 것입니다. 이에 대한 고민의 결과 나타난 것이 과학적 관리 기법입니다. 창안자인 프레더릭 테일러Frederick W. Taylor의 이름을 따 '테일러리즘Taylorism'이라 불립니다. 1856년 미국 필라델피아에서 태어난 테일러는 원래 법률가를 희망했으나 시력이 나빠져 법학대학을 포기하고 펌프 제조 공장 견습공으로 들어갑니다. 이후 철강회사에 입사해 작업조장이 됩니다. 이 시절 테일러는 철강업계에 널리 퍼져 있던 '은밀한 태업' 현상에 관심이 많았습니다. 은밀한 태업은 공식적인 태업과 달리 적당히 일함으로써 생산량을 제한하는 것을 말합니다. 테일러는 이것이 생산과정에 대한 실질적 권한이 숙련공에게 부여되어 있고, 합리적인 하루 노동량에 대한 동의가 되어 있지 않기 때문이라고 생각했습니다. 이를 해결하기 위해 동작과 시간 연구를 기초로 작업량, 동작, 속도 등을 과학적으로 분석해 작업 관리 체계를 만듭니다. 자의적이고 전근대적이었던 방식에서 벗어나 과학적 관리와 공정한 이익 배분을 통해 생산성과 효율성을 향상시킨 것입니다.

과학적 관리 기업의 정점을 보여주는 사례가 잘 알려진 포드 자동차입니다. 테일러가 과학적 관리 기법을 통해 개인의 생산성 향상에 관심을 두었다면, 포드는 조직의 생산성 향상에 관심을 두었습니다. 컨베이어 시스템이라 불리는 포디즘Fordism은 전문화Specialization, 규격화Specification, 표준화Standardization, 단순화Simplification를 뜻하는 4S 철학에 기초합니다. 포드는 규격화된 부품을 이용해 표준화된 제품을 단순한 방식으로 생산함으로써 생산성을 극단적으로 높일 수 있었습니다.

인간관계론의 등장

과학적 관리 기법이 정점을 향해가는 시점에 외부 환경의 변화가 나타납니다. 제1차세계대전 전후 나타난 인권에 대한 관심과 군수물자 생산에 투입된 노동자들의 노동조합 결성 분위기 등 노동자 처우에 대한 관심이 커진 것입니다. 그뿐만 아니라 쿤이 말한 위기, 즉 기존 이론으로 설명할 수 없는 특이한 사례들이 나타납니다. 대표적인 것이 미국 웨스턴 전기회사의 호손 공장에서 진행된 '호손 공장 실험'입니다. 당시 호손 공장은 물리적 작업환경을 개선했음에도 생산성이 오르지 않아 어려움을 겪고 있었습니다. 이에 내부적으로 다양한 실험을 진행했습니다. 시작은 공장 내 조명의 밝기와 근로자의 생산성의 상관관계를 규명하려는 목적이었습니다. 조명의 밝기가 밝으면 생산성이 증가하고, 어두우면 생산성이 감소할 것이라 가정했습니다. 하지만 실험 결과 조명의 밝기와 상관없이 실험이 시작되면 생산성이 증가하고, 실험이 끝나면 생산성이 하락하는 모습을 보였습니다. 실험에 실패한 웨스턴 전기회사는 하버드대학교 메이요Elton Mayo 교수팀에게 심층 조사를 의뢰했습니다.

메이요는 계전기 조립 실험 등을 추가하며 생산성에 영향을 줄 것이라고 믿었던 휴식 시간, 간식, 임금 등을 조정해 변화를 측정했습니다. 그 결과 여러 작업 조건의 변경에도 불구하고 생산성에는 큰 차이가 나타나지 않았습니다. 즉 '생산성은 휴식, 급여, 작업환경과 같은 물리적 조건의 함수'라는 당대의 믿음이 깨진 것입니다. 오히려 실험에 선택되었다는 심리적 요인이나 소속감, 응집력, 노동자들 사이에서 발생하는 비공식적인 인간관계 등이 생산성에 영향을 미친다는 결론에 도달합니다. 기존의 과학적 관리 기법이 노동자를 관리와 통제의 대상으로만 바라봤다면, 그들이 가지고 있는 인간적 감성 또한 경영에서 소홀히 다뤄서는 안 된다는 새로운 시각이 발현되기 시작한 것입니다.

호손 공장 실험 이후, 사회심리학자인 레빈Kurt Lewin은 집단 내에는 서로에게 영향을 미치는 오묘한 힘이 존재한다고 보고 이를 '집단 역동Group Dynamics'이라 정의합니다. 집단은 약하기보다 강하고, 수동적이기보다 능동적이며, 억제적이기보다 촉매적이며, 정체되어 있기보다 유동적이라는 특성을 가지고 있는 만큼 집단 내에 존재하는 상호작용과 영향력, 인간관계를 봐야 한다고 주장합니다. 이러한 생각은 매슬로Abraham Maslow의 욕구단계설, 맥그리거Douglas McGregor의 XY이론 등으로 진화해갑니다. 구성원을 통해 목표를 달성하기 위해서는 인간에 대한 이해가 우선되어야 하며, 조직은 단순한 인간관계를 넘어 자아실현, 인격의 완성 등 인간의 고차원적인 욕구를 충족할 수 있는 방안을 모색해야 한다는 생각이 과학적 관리 기법을 밀어내게 됩니다.

지속가능한 기업문화가 만들어지기까지

과학적 관리 기법이 지나치게 물적·기술적 시스템을 강조한다고 비판받았다면, 인간관계론적 접근은 지나치게 심미적이고 감정적인 접근이라는 비판을 받습니다. 그래서 과학적 관리 기법은 인간성을 경시한 '조직 우선주의', 인간관계론은 공식 조직의 문제를 경시한 '인간 우선주의'의 성격을 띤다고 평가받습니다. 정반합의 과정을 통해 새로운 패러다임이 탄생하듯 과학적 관리 기법과 인간관계론의 논쟁 속에서 이 둘을 통합하기 위한 시도가 나타납니다. 이러한 시도를 한 대표적인 인물이 바너드Chester I. Barnard입니다. 그는 기업과 사람을 대립적으로 보는 것이 아니라 '조직을 구성하는 개인'이라는 관점에서 접근한 조직 이론을 강조합니다.

조직을 '공통의 목적을 달성하기 위해 두 사람 이상이 모인 협력 시스템'이라고 정의한 바너드는 조직의 생존과 성장에 관심을 갖습니다. 조직에 속한 인간은 끊임없이 바뀌지만 조직은 계속 존재할 수 있다고 본 바너드는 조직 존속을 위해 효과성과 효율성을 동시에 달성해야 한다고 주장합니다. 효과성은 조직이 추구하는 목적을 달성했는지, 효율성은 조직의 목적 달성 과정에서 구성원의 동기가 만족되었는지 여부를 뜻합니다. 즉 경영을 단순히 기한 내 조직의 목표를 달성하는 것 또는 구성원에게 안락한 근무 환경을 제공하는 것이라고만 생각해서는 안 되며, 조직과 구성원의 목표가 동시에 충족될 수 있는 방안을 찾아야 함을 강조합니다. 그리고 이것이 경영자들의 본질적 책무임을 밝힙니다. 이 과정에서 구성원의 공헌 의욕, 가치 체계, 커뮤니케이션 등을 효과성과 효율성을 달성하기 위한 필수불가결한 요소로 제시함으로써 최근 관심의 초점이 된 문화의 중요성을 처음 제기했다고 볼 수 있습니다.

바너드 혁명과 현대 경영의 세계관 등장

칸트가 경험과 이성을 통합한 새로운 인식론을 펼침으로써 현대 철학의 문을 연 것처럼 조직의 목표와 구성원의 목표를 조직이라는 틀 안으로 가져와 통합적으로 바라본 바너드의 생각은 '바너드 혁명'이라 불리며 근대 경영 이론을 종합합니다. 그리고 현대 경영학의 아버지라 불리는 피터 드러커Peter F. Drucker에 의해 통합적 세계관으로 확장됩니다. 최초의 경영학 교과서라 불리는 『경영의 실제*The practice of management*』를 통해 드러커는 이제까지 부분적이며 주관적으로 해석되어온 경영을 넘어 전체적이고 객관적인 관점에서 경영을 바라봐야 한다고 주장합니다. 이론과 실제를 구분해서는 안 되며 모든 이론은 실천에 기초해 통합적으로 바라봐야 한다고 생각합니다. 특히 기업의 존재 이유, 즉 목적에 대한 새로운 관점을 제시합니다. 조직 내부에서 효과성과 효율성 달성을 통해 경제적 이윤을 창출하는 것도 중요하지만, 그것이 기업의 목적은 될 수 없다고 봅니다. 드러커는 기업의 목적이 고객과 시장의 창출임을 강조합니다. 또한 기업은 사회 공동체의 일원인 만큼 사회 구성원으로서의 책무를 중시해야 한다고 주장합니다. 기업이 얻게 되는 이윤은 기업이 살아남기 위한 비용 또는 기업이 책무를 훌륭히 수행했는지를 알 수 있는 기준에 불과하다는 것입니다.

기업의 존재 이유와 목적에 대한 시각 변화는 조직 내부를 중심으로 생각하던 관점을 조직 외부, 즉 고객과 사회로 돌리는 역할을 합니다. 고객 없이는 사업도 지속될 수 없다는 현대 경영학의 기본 가정이 힘을 얻기 시작한 것입니다. 또한 각자의 영역에서 발전하고 있던 생산관리, 조직관리, 마케팅, 전략, 리더십 등이 이러한 새로운 세계관 속으로 통합되면서 동시에 각자 자신만의 영역을 확장해갑니다. 쿤츠Harold D. Koontz는 1950년대 이후 나타난 경영에 대한 다양한 관점과 접근 방법 등을 '경영 이론의 밀림Management Theory Jungle' 현상이라고 정의하고 이러한 혼란을 극복해야 한다고 강조했으나, 실질적으로는 경영을 바라보는 시선의 높이가 올라갔다고 볼 수 있습니다. 현재도 기업의 목적, 관점, 방법론 등에 대한 논쟁은 계속되고 있으나 큰 흐름을 본다면 경영을 바라보는 세계관은 유지되고 있습니다.

새로운 위기와 기업문화의 등장

경영 이론의 밀림이라 불리며 경영에 관한 논의가 폭발적으로 늘어난 시점은 제2차세계대전이 끝난 이후 1950년부터 약 20년 동안 '자본주의의 전성기Golden Age'라고 불리는 시기와 일치합니다. 미국은 해당 기간 동안 연평균 4.5%의 경이적인 성장을 달성했으며, 실업률도 5% 이내로 안정적으로 유지되고, 인플레이션율 또한 3% 이하로 안정됩니다. 호황의 원인에 대해서는 다양한 견해가 있으나 국제적 협력 체계 강화, 기업의 경영 혁신, 중산층의 폭발적 증가, 기술의 진보, 기업가와 노동자의 상생 등이 선순환을 이루며 호황을 만들었다고 볼 수 있습니다. 이러한 성과를 바탕으로 미국식 경영이 글로벌 표준으로 자리 잡습니다.

하지만 여기에 갑작스러운 균열이 나타납니다. 바로 오일쇼크입니다. 1970년대 중동전쟁과 당시 산유국들의 석유 무기화 정책 등으로 국제 석유 가격이 급상승하며 전 세계 경제가 위기와 혼란을 겪습니다. 특히 선진국들은 두 자릿수 물가 상승과 마이너스 성장이 겹친 스태그플레이션에 빠졌으며, 수많은 글로벌 기업도 생존 위기에 빠집니다. 오일쇼크는 모든 경제 주체에게 영향을 끼치는 구조적 리스크이기에 모든 기업이 회피하기 어려웠습니다. 여기서 기존 관점으로 해석되거나 설명되지 않는 사례가 나타납니다. 일본과 독일 기업들입니다. 이들은 세계대전의 패전국으로 산업 시설이 완전히 파괴된 후 미국의 원조를 기반으로 산업화를 추진한 국가입니다. 따라서 미국식 경영이 이식되었다고 볼 수 있습니다. 하지만 오일쇼크로 많은 미국 기업이 위기를 겪고 있는 상황에서 이 두 나라의 기업들은 승승장구합니다. 특히 일본 기업들이 관심을 받습니다. 일본 기업들의 놀라운 경영 성과를 보며, 그들이 가지고 있는 독특한 특징의 정체에 대한 관심이 높아졌습니다.

이러한 관심을 기반으로 나온 것이 미국 UCLA 경영학과 교수였던 오우치William Ouchi가 1981년 발표한 'Z이론'입니다. Z이론은 맥그리거의 XY이론에서 힌트를 얻어 명명한 것으로, 미국식 경영과 일본식 경영의 장점을 혼합한 접근 방식입니다. X이론이 권위주의적 관리를 대변하고, Y이론이 민주적 관리를 대변한다면, Z이론은 자발적 참여에 기반한 자유방임형 경영 기법입니다. 미국과 일본의 대표 기업 12개를 선정하여 연구를 진행한 오우치는 일본 기업들의 장기 성장 목표, 고용의 안정, 종업원들의 참여, 높은 소속감과 온정적인 인간관계를 중시하는 경영을 미국식 경영에 더해야 한다고 주장합니다. 특히, Z이론이 현장에서 실재하기 위해서는 Z문화가 만들어져야 함을 강조합니다.

Z문화는 개개인 간 높은 수준의 신뢰, 확고한 신념 공유, 과업에 대한 열의, 강한 팀워크 등을 특징으로 합니다. 여기서 이해해야 할 것은 오우치가 제시한 Z문화의 특징은 일본 사회가 가지고 있는 독특성에 기반한다는 점입니다. 초기 기업문화에 대한 관심은 기업이 속한 사회·문화적 특성이 기업에 스며들어 새로운 형태의 기업문화가 만들어지며, 이렇게 만들어진 문화가 조직의 경쟁력이 될 수 있음에 주목했습니다.

오우치의 연구와 비슷한 시기에 미국의 학자들도 오일쇼크 이후 초우량 기업을 통한 미국 경제 재건을 목표로 연구를 진행했습니다. 그 결과 나온 책이 『초우량 기업의 조건*In Search of Excellence*』입니다. 1982년 초판이 나온 이래 첫 4년 동안 약 300만 부가 팔렸으며, 이 책의 인기로 미국 서점에 경제경영 코너가 생기기도 합니다. 이 책의 핵심 내용을 한마디로 정리하면 '초우량 기업들은 강하고 독특한 기업문화를 가지고 있다'는 것입니다. 초우량 기업이 택한 경영 방식은 시스템이나 전략, 계획, 조직 구조와 같은 하드웨어적 요소보다 사람, 열정, 공유 가치와 같은 소프트웨어적 요소에 집중하며, 이를 기업문화로 만들기 위한 노력을 지속한다는 점을 밝힙니다. 특히, 저자들은 초우량 기업들은 평범한 기업들이 하지 않는 일을 하고 있는 것이 아니라 평범한 기업도 하고 있는 일을 탁월한 수준으로 하고 있다고 말하며 기업문화를 만들기 위한 철저한 실행을 강조합니다.

같은 시기, 테런스 딜과 앨런 케네디Allan A. Kennedy가 저술한 『기업문화』는 기업문화라는 단어를 각인시키며 『초우량 기업의 조건』과 함께 비즈니스에 종사하는 사람들이라면 반드시 읽어야 하는 필독서로 꼽힙니다. 기존 기업문화 관련 연구가 기업문화의 중요성과 초우량 기업들이 중요시하는 요소가 무엇인지에 집중했다면, 딜과 케네디는 기업이라는 조직 내에서 문화가 만들어지는 과정과 강한 문화를 만들기 위해 필요한 요소를 제시합니다. 기업의 성격과 정체성을 상징하는 '가치 이념Inner Value', 성공적인 실천 본보기인 '영웅Heores', 조직 내 구성원의 행동을 규정하는 '의례와 의식Rites & Rituals', 문화 스토리가 전파될 수 있는 네트워크와 이를 중심으로 한 '소통Communication'이라는 네 가지 요소가 유기적으로 연결되어 있을 때 강한 문화가 유지될 수 있음을 다양한 사례를 통해 증명합니다. 그리고 네 가지를 연결하고 문화를 관리하는 존재를 '상징적 관리자Symbolic Manager'라 칭하며 기업문화를 창조하고 관리하는 것이 리더들의 핵심 과제임을 제시합니다. 하지만 딜과 케네디의 더 중요한 기여가 있습니다. 기업문화를 조직 내부적 요소로만 본 것이 아니라 외부 환경과의 관계 속에서 이해해야 한다는 프레임을 제시한 것입니다. 기업문화는 외부 환경과 따로 떨어져 존재할 수 없으며, 성공적 문화를 만들기 위해서는 끊임없이 고객, 경쟁자, 정부, 기술 등에 관심을 가져야 함을 밝혀 내적 균형과 함께 외적 균형 또한 문화 관리의 중요한 축으로 포괄합니다. 문화를 바라보는 시선을 확장한 것입니다.

오일쇼크로 인한 위기, 위기 속에서 그동안의 인식 틀로는 이해할 수 없는 기업들의 출현, 이러한 새로운 현상을 해석하기 위한 시도로 나온 Z이론, 『초우량 기업의 조건』, 『기업문화』는 경영을 이해하는 새로운 틀을 제공합니다. 물론 1984년 11월 〈비즈니스위크〉는 『초우량 기업의 조건』에 소개된 43개 초우량 기업 중 3분의 1이 어려움을 겪고 있다고 꼬집기도 하고, 기업문화의 의미와 구동 체계를 이해하지 못한 채 단기 성과를 만들어내는 수단으로 접근함으로써 기업문화 무용론이 퍼지기도 합니다. 하지만 기업문화가 경영을 이루는 여러 요소 중 하나에서 경영의 핵심적 요소로 자리 잡았다는 사실에는 변화가 없습니다. 최근 논의되고 있는 디지털 트랜스포메이션, 애자일 조직 구축 등에서 결국 기업문화를 출발점이자 도착점으로 보고 있다는 점만 보더라도 그 영향력이 여전함을 알 수 있습니다. 기업문화는 일시적 유행을 넘어 경영을 근본적으로 변화시켰다고 볼 수 있습니다.

Part. 1-2

기업문화는 왜 혁신의 대상이 되었을까?

혁신의 대상이 된 기업문화

1980년대에 기업문화라는 개념이 경영의 핵심 어젠다로 자리 잡은 이후 기업문화는 좋아졌을까요? '좋아졌다'는 말이 매우 모호하기에 답을 내리기 어렵지만 기업문화가 여전히 혁신의 대상이 되고 있는 것은 사실입니다. 기업데이터연구소 CEO스코어에서 발표한 2022년 국내 10대 그룹의 신년사 키워드 분석 자료에 따르면 고객, 미래, 혁신, 가치, 성장이 TOP5에 포함된 것으로 나타났습니다. 이들 내용을 더 깊이 분석해보면 거시적 불확실성, 디지털 전환, ESG 경영 확대 등에 따라 기업문화를 빠르게 혁신해야 함을 주문하고 있습니다. 취업을 준비하고 있는 사람들의 생각은 어떨까요? 2022년 취업 플랫폼 잡코리아가 발표한 자료에 의하면 취준생들이 취업할 기업에 대해 가장 궁금해하는 점이 복지 제도와 기업문화인 것으로 나타났습니다. 연봉보다 나에게 맞는 근무 환경, 나의 성장과 전문성에 도움이 되는지 여부, 일하는 방식 등 기업문화가 선진화되었는가를 기업 선택의 기준으로 보고 있습니다.

그렇다면 반대로 사람들은 왜 퇴직하는 것일까요? 해당 회사 직원의 익명 리뷰에 기반한 직장 평가 사이트인 글래스도어Glassdoor가 2021년 이직과 퇴직에 대해 언급한 리뷰를 분석한 보고서를 보면, 기업문화가 퇴직을 결정하는 데 가장 큰 영향을 미친 것으로 나타났습니다. 그런데 중요한 것은 영향력의 크기입니다. 보상이나 복지 제도가 이직 또는 퇴직에 가장 큰 영향을 미쳤을 것이라는 예상과 달리, 기업문화가 보상보다 10배 이상 더 큰 영향력을 미친 것으로 조사되었습니다. 특히 다양성, 공정함, 포용적 문화, 직원에 대한 존중, 윤리적 행동 등이 지켜지지 않는 '악성 문화Toxic Culture'는 다른 요소보다 약 18배 강력한 퇴직 예측 변수로 밝혀졌습니다.

조직과 경영자들이 기업문화의 혁신을 부르짖고, 현재와 미래의 구성원도 기업문화를 가장 중요하게 생각하고 있는 시점에서 왜 문화는 천덕꾸러기로 취급받고 있을까요? 문화가 도대체 무슨 잘못을 했기에 공격의 대상이 되고 있을까요? 이에 대한 답을 찾기 전에 문화를 바라보는 눈높이를 맞추는 과정이 필요합니다. 같은 용어를 사용하더라도 사람마다 정의나 기본 전제가 다르면 엉뚱한 결론에 도달할 수 있기 때문입니다.

기업문화는 어떻게 만들어지는가?

문화文化란 자연 상태에서 벗어나 일정한 목적 또는 생활 이상을 실현하고자 사회 구성원에 의하여 습득·공유·전달되는 행동 양식이나 생활 양식, 그 과정에서 만들어진 물질적·정신적 산물을 통틀어 이르는 말입니다. 이와 같은 사전적 정의를 보면 문화는 사회 또는 사회 구성원의 목적 실현에 기여해야 하며, 누군가에게서 누군가로 전달되어야 하고, 행동이나 산물로 보여야 한다는 특징을 알 수 있습니다. 이처럼 거시적인 문화의 정의를 기업이라는 조직 안으로 가져온 것이 기업문화입니다. 기업문화에 대한 다양한 정의가 존재하지만 가장 많이 인용되는 것이 에드거 샤인Edgar H. Schein 교수의 정의입니다. 샤인은 "한 조직이 외부 환경에 적응하고 내부를 통합하는 과정에서 발생하는 문제를 해결하면서 고안·발견·개발한 기본 믿음들로, 오랜 기간 구성원에게 당연하게 받아들여지고 또한 새로운 구성원에게도 올바른 방법으로 학습되어지는 것"이라고 정의했습니다. 쉽게 풀

이하면 조직 구성원이 내외부의 문제를 해결하는 과정에서 경험·축적·공유한 것이라 할 수 있습니다. 『기업 인류학』의 저자인 르바이Marc Lebailly는 이를 더욱 축약해 '조직 내에 존재하는 의무와 금기'라고 표현합니다. 이 정의는 실무적으로도 활용도가 매우 높습니다. 현재 우리 기업이나 팀 내 실질적 문화가 무엇인지 알고 싶다면 복잡한 진단 도구를 활용하는 것보다 구성원에게 빈 종이를 나눠주고 '우리 회사에서 가장 칭찬받는 행동 세 가지와 가장 비난받는 행위 세 가지를 적어보라'고 하면 쉽게 파악할 수 있습니다.

그렇다면 한 조직 내에서 의무와 금기는 어떻게 만들어지는 것일까요? 의무와 금기를 통해 문화적 뿌리를 찾아 들어가다보면 결국 창업자와 만나게 됩니다. 애플과 테슬라의 혁신 문화, 월마트와 이케아의 검소함, 혼다와 소니의 기술 중시 등과 같은 문화적 특징은 스티브 잡스, 일론 머스크, 샘 월튼, 혼다 소이치로와 같은 창업자들의 생각과 가치가 문화로 만들어져 이어지고 있는 것임을 알 수 있습니다. 이는 해외 기업들뿐만 아니라 국내 기업도 마찬가지입니다. S그룹의 인재제일, H그룹의 도전정신 등도 결국 그 뿌리는 창업자와 창업 스토리에 기인합니다.

기업문화에서 창업자들이 갖는 영향력은 매우 큽니다. 창업자 혹은 초창기 창업 그룹은 무엇이 바람직한 행동인지 가늠하게 하는 기준점을 만들기 때문입니다. 창업자들은 일관된 행동과 스토리를 통해 자신들의 신념이나 워크 에식Work Ethic을 각인시킵니다. 대개는 자신들의 가치관과 철학에 동의하는 사람들을 모으고, 그것이 사업적 측면에서 얼마나 의미가 있는지 공유합니다. 그리고 채용, 승진, 해고의 과정을 통해 해당 조직이 무엇을 추구하고 있는지 보여줍니다. 직원들은 이러한 과정을 관찰하며 그 안에서 의무가 무엇인지, 금기는 무엇인지를 자연스럽게 체득합니다. 창업 그룹이 조직을 떠난 후에도 그들을 사사한 사람들은 무의식적으로 자신과 비슷한 사람들을 선호하게 되고, 더욱 강력해진 창업 스토리는 문화적 상징으로서 더 큰 힘을 발휘하게 됩니다.

혼다의 창업자인 혼다 소이치로는 1946년 혼다 모터스의 전신인 혼다기술연구공업을 창업한 후 1973년 혼다의 사장직에서 물러납니다. 그는 사장직에서 물러난 후 '최고기술고문'이라는 직함으로 기술 연구에 전념합니다. 자신은 기술자 출신이라 공장에서 일하는 게 더 행복하다는 생각을 행동으로 보여준 것입니다. 이것만으로도 '기술의 혼다'라는 평판과 문화가 만들어진 이유를 알 수 있습니다. 그는 기술고문으로 물러난 이후에도 직원들과 함께 현장에서 일했습니다. 본사에 자신의 방도 없었습니다. 대부분 공장이나 자신이 맡고 있는 사업장에서 일하기 때문에 임원 방이 필요 없다고 생각했기 때문입니다. 이는 현재까지 이어져, 외부 미팅을 주관해야 하는 몇몇 임원 말고는 아직까지도 임원 방이 없습니다. 또한 해외 출장 등 특수한 경우를 제외하고는 비서와 동행하지도 않습니다. 창업자는 떠났지만 그의 철학과 생각은 스토리를 통해 여전히 영향력을 발휘하고 있습니다. 그가 입버릇처럼 이야기한 "상하의 서열은 학력學力이 아닌 실력實力이다"는 채용이나 승진 절차에서 중요한 기준이 되고 있습니다. 현재도 임원 대부분이 이공계 출신이며, 기술을 연마한 고졸 출신 CEO가 어색하지 않은 곳입니다. "남의 기술을 가져와서는 남보다 나은 기술을 만들 수 없다. 어려움이 있더라도 스스로 개발해야 한다. 중요한 것은 기술에 대한 마음가짐과 의지이다. 그 마음을 잃어버리지 않는 것이 혼다가 살아갈 길이다"라는 말은 재무제표상에 순익 수준만큼 사용된 연구개발비로 구현되고 있습니다. 또한 그는 맹목적 로열티나 조직관이 기술자들을 억압하는 환경을 만들지 않기 위해 "자신을 버리고 대의를 위해 일한다는 것은 낡은 구상이다. 혼다에 입사한 이상 회사나 상사를 위해 일한다는 낡은 생각을 버려라. 여러분은 여러분 각자를 위해 일하면 된다. 자신이 그런 일에 즐거움을 느낄 때, 회사도 성공할 수 있다"라는 말을 강조합니다. 실제로 그는 사장으로 재직하며 현장을 방문할 때도 절대 직원들의 업무를 방해하지 않았습니다. 한 신입 직원이 사장인 혼다 소이치로를 못 알아보고 "일하는데 방해하지 말고 나가십시오"라고 말하자 그는 허리를 숙여 몇 번이나 죄송하다는 사과를 하고 나왔다고 합니다.

이렇듯 기업문화는 창업자 또는 창업에 함께했던 사람들이 철학과 가치관을 행동으로 증명한 스토리를 통해 만들어집니다. 그들이 기업을 떠나더라도 그들이 만든 기준에 의해 선발되고 승진한 사람들에 의해 그리고 그들이 남긴 스토리를 통해 문화는 더욱 단단한 구심력을 발휘하게 됩니다.

사람은 문화를 만들고, 문화는 사람을 만든다

아마존의 창업자 베이조스Jeffrey P. Bezos는 자신들의 첫 번째 리더십 원칙인 '고객 집착Customer Obsession'을 설명하면서 프로세스 혁신과 기술을 통해 인간의 개입을 최소화하는 것이야말로 가장 만족스러운 고객 경험을 창출하는 비결이라는 말을 했습니다. 인간의 불필요한 개입을 줄여야만 진정으로 아마존이 추구하는 가치가 고객에게 전달될 수 있다는 믿음을 표현한 말이지만, 한편으로는 인간이 가지고 있는 인지적 한계, 편향 등이 존재할 수밖에 없음을 고백한 것이라고도 볼 수 있습니다. 문화도 사람을 통해 전달되기에 알 수 없는 이유로 변이나 오류가 나타납니다. 사람들이 문화의 원형을 만들고, 문화는 다시 문화에 맞는 사람을 만들지만 그 과정에서 예상치 못한 변수들로 인해 변화가 나타나는 것입니다.

문화가 인간에 의해 전달되는 과정뿐만 아니라 기업을 둘러싼 사회경제적 변화 또한 문화적 변이를 만듭니다. 특정한 기업의 문화에 가장 큰 영향을 미치는 것은 무엇일까요? 우리는 보통 문화 관련 캠페인이나 평가 체계 등 구조의 변화를 먼저 떠올립니다. 하지만 『컬처 레버리지*Culture Leverage*』의 저자인 칠드러스John R. Childress는 실증 조사를 통해 특정 조직의 기업문화에 가장 큰 영향을 미치는 것은 해당 기업이 속한 국가와 사회의 문화임을 증명했습니다. 이는 기업문화가 단독으로 존재할 수 없으며, 사회적으로 인정받을 때만 문화로서 영속할 수 있다는 점을 말해줍니다. 즉, 창업자들이 구축한 철학과 가치관이 해당 시기뿐만 아니라 현재 그리고 미래에도 여전히 유효하다는 공감이 있어야 한다는 것입니다. 만약 이러한 조건이 충족되지 못하거나 못한다고 받아들여질 때 문화는 자연스럽게 변화하게 됩니다. 기업문화가 사회의 변화를 따라가지 못한다면 문화는 혁신의 대상이 됩니다.

성공의 원천이었던 문화는 왜 혁신의 대상으로 변하는가

인간이 가지고 있는 인지적 한계, 기업을 둘러싼 환경의 변화 등으로 인해 문화는 변할 수밖에 없으며, 변화해야만 살아남을 수 있습니다. 이때 문화 변화의 발목을 잡는 것이 '관성'입니다. 『일본기업의 경영원리』의 저자이자 일본 내 조직 이론 분야 최고 전문가로 꼽히는 카고노 타다오 교수는 "기업의 발전 과정은 관성과의 투쟁 과정이다"라는 말을 했습니다. 모든 조직에는 지금의 성공을 있게 한 관성이 존재하는데, 이를 이겨내야만 발전할 수 있다는 뜻입니다. 1993년 독일 프랑크푸르트의 한 호텔에서 이건희 전 회장이 "마누라와 자식 빼고는 다 바꿔라"라고 일갈했지만 실질적으로는 변화에 성공하지 못하고 경제 위기를 겪게 된 것도 관성의 무서움을 보여줍니다. 카고노 교수는 이러한 관성을 '구조적 자물쇠System Lock'와 '인간 자물쇠Human Lock'라고 표현합니다. 구조적 자물쇠는 각종 제도, 업무 프로세스 등이 상호 복잡하게 연결되어 부분적 변화만으로는 진정한 결과물을 만들지 못하게 하는 것을 뜻합니다. 인간 자물쇠는 구성원의 사고나 행동 패턴, 감정 등으로 인해 변화 자체를 기피하는 것으로 과거의 낡은 패러다임에서 좀처럼 벗어나지 않으려는 성향을 말합니다. 이 두 가지 자물쇠가 조직을 단단하게 묶고 있어 변화에 제동을 거는 것입니다.

이 중에서 더 강력한 자물쇠는 무엇일까요? 바로 인간이 만든 자물쇠입니다. '조직은 결코 사람을 이길 수 없다'는 말이 있습니다. 조직 구조나 업무 방식, 프로세스 등을 아무리 바꿔도 그것을 실행하는 사람이 바뀌지 않으면 조직과 문화는 절대 바뀌지 않는다는 뜻입니다. 최근 많은 기업이 수평적 문화를 만들기 위해 도입한 호칭 자율화도 "나는 팀장이고, 너는 팀원이야"라는 한마디에 물거품이 되고 마는 현상은 인간이 만든 자물쇠의 힘을 보여줍니다. 글로벌 컨설팅회사인 맥킨지의 조사에 따르면, 기업문화를 바꾸려고 노력했던 많은 기업 중 30%만 성공하고 70%는 매번 실패한다고 합니다. 더 나아가 이 비율은 몇십 년 전이나 바로 몇 년 전이나 차이가 없다고 합니다. 이처럼 변화가 어려운 이유를 심층적으로 조사해보니 조직, 전략 등의 변화만 추진했을 뿐 리더십, 조직 심리 등 인간적 요소를 통합해 다루지 못했기 때문이라는 결론에 도달합니다. 즉, 조직 구성원 스스로 만든 자물쇠를 전혀 풀지 못했기 때문입니다. 사실 구조적 자물쇠에 속하는 각종 제도, 업무 기준, 프로세스 등을 만든 것은 해당 조직의 구성원입니다. 하지만 시간이 지나면서 스스로 만든 구조물에 얽매여 그 구조물들을 맹신하게 되는 악순환에 빠져, 우리 회사는 원래 이렇다며 포기합니다. 이것이 문화가 혁신의 대상으로 공격받게 되는 핵심적 이유입니다.

『창업자 정신*The founder's mentality*』의 저자이자 2007년 타임지가 선정한 위대한 비즈니스 사상가 50인에 뽑힌 크리스 주크Chris Zook는 창업 후 성장 과정에서 당연히 만날 수밖에 없는 문제를 잘 알고 있으면서도, 이를 회피하거나 잘못된 방식으로 대응하기 때문에 악순환에 빠진다고 이야기합니다. 그가 말한 예측

가능한 문제는 조직 규모의 확장에 따른 '과부하Overload', 조직의 복잡성이 커지면서 직면하게 되는 '속도 저하Stall-out', 비즈니스 모델이 시장에서 경쟁력을 상실하고 있음에도 이를 인지하지 못하고 기존의 방식을 몰아붙여 나타나는 '수직 낙하Free Fall'입니다. 이 세 가지 현상은 특별한 기업만이 경험하는 것이 아니라 스타트업으로 시작해 일정 수준 이상으로 성장한 기업이라면 누구나 만나는 문제입니다. 이 문제를 잘 해결한 기업은 문화가 성공의 디딤돌이 되고, 이를 잘못 해결한 기업은 문화가 걸림돌이 됩니다.

주크가 이야기한 잘 해결한 기업은 어떻게 대응했을까요? 그가 찾아낸 해답은 '창업 정신을 지키되 비즈니스 모델과 프로세스를 유연하게 변화시키는 것'입니다. 하지만 많은 기업이 이 둘을 헷갈립니다. 지켜야 할 것을 지키지 못하고, 지킬 필요가 없는 것에 집착합니다. 성공적인 기업들은 소외되고 있는 고객의 가치를 지키기 위해 절대 타협하지 않는 '반골적 기질Insurgency', 고객과 직원들을 직접 만날 수 있는 '현장에 대한 집착Frontline Obsession', 관료주의나 가짜 일들이 직원들의 자율성을 억누르지 않도록 업무 프로세스를 최대한 단순화함으로써 유지하는 '주인 정신Owner's Mindset', 이 세 가지를 공통적으로 지킵니다. 실패한 기업들은 왜 반골적 기질, 현장 집착, 주인 정신을 지켜왔는지를 잊은 채, 이 세 가지를 기준으로 구성원을 평가하기 바쁩니다.

"우리 직원들은 창의적이거나 도전적이지 못해요", "우리 직원들은 주인 정신이 없어요"라는 말만 할 뿐 무엇을 위해 창의적이어야 하는지, 주인 정신을 가로막는 것은 어떤 것인지에 대해서는 이야기하지 않습니다. 애자일 문화, 수평적 문화, 규율 없는 문화 등 새로운 문화적 지향점에 대한 목소리는 많지만 왜 그런 문화를 만들어야 하는지에 대한 공감대가 없기에 기업 내 문화 소비자인 구성원의 불만만 쌓이게 됩니다.

이는 CEO스코어의 김경준 대표가 한 강연에서 품격 있는 리더는 '본질을 지키며 스타일을 변화시키는 사람'이고, 꼰대라고 불리는 리더는 '본질은 모른 채 특정 스타일만 고집하는 사람'이라고 정의한 것과 일맥상통합니다. 2021년 베이조스가 아마존 CEO 자리를 떠나며 주주에게 보낸 마지막 서한에서 절대 환경에 굴복하지 말고 데이원의 가치를 지켜달라는 의미로 '아마존은 여전히 데이원It remains Day 1'임을 강조합니다. 이는 단순히 과거 창업자의 방식이나 관행을 지켜달라는 의미가 아닙니다. 왜 사업을 시작했는지를 잊지 말고, 처음 시작했을 때 꿈꿨던 모든 것을 자유롭게 실행하라는 당부가 담긴 절실함입니다. '왜Why'가 전달되지 않은 채 '관행How'에 집착할 때 문화는 퇴행하게 됩니다.

발견하는 것인가? 창조하는 것인가?

창업 정신이 문화의 기반이 되고, 이런 기반에서 자라난 사람들이 문화를 전파함으로써 특정 기업의 문화가 만들어진다고 보면 한 가지 의문이 듭니다. 바로 '무리하게 새로운 문화적 지향점을 만들고 제도나 프로세스를 바꿔 조직 내 혼란과 직원들의 불편을 감수하면서까지 문화 관련 활동을 해야 하는가?'라는 의문입니다. '이런 활동보다는 좋다고 생각되는 현상이나 행동들을 잘 발견해서 이를 전파하는 활동을 하면 되지 않을까?'라는 생각입니다. 하지만 앞서 이야기했듯이 문화가 전달되는 과정에서 변이가 생깁니다. 굳이 뇌과학까지 동원하지 않더라도 우리는 일상에서 이러한 변이를 자주 경험합니다. 과거의 특별한 순간에 같은 공간에 있었더라도 나중에 이야기를 들어보면 모두 다른 기억을 가지고 있습니다. 다른 기억들이 충돌할 때, 우리는 보통 서로 기억을 맞추기보다 높은 직급에 있는 사람 또는 더 큰 힘을 가진 사람의 이야기를 참으로 받아들입니다. 이러한 과정을 몇 번 거치게 되면 처음 의도했던 모습과 전혀 다른 결과물이 나옵니다. 베이조스는 이런 현상을 경계해야 한다는 뜻에서 "문화는 창조하는 것이지, 사후에 기록하는 것이 아니다"라고 강조합니다.

그렇다면 왜 기업문화를 창조하는 것보다 기록하고 발견하는 일에 빠지게 되는 걸까요? 기업문화를 창조하는 것이 어렵기 때문입니다. 문화를 창조하는 활동은 오랜 시간과 노력뿐만 아니라 문화에 영향을 미치는 사람들의 단호함을 필요로 하기에 매우 어렵지만, 못 할 일은 아닙니다. 또 다른 이유는 인류학적 관점에서의 문화와 기업문화를 혼동하기 때문입니다. 인류학적 관점에서의 문화는 사회적 약속 개념입니다. 좋다, 나쁘다라는 가치판단 없이 그 사회에서 받아들여지는 행위를 말합니다. 우리나라에서는 허리를 숙여 인사하는 것, 연장자가 수저를 든 후에 아랫사람이 수저를 드는 것 등입니다. 하지만 경영 측면에서 문화는 '특별한 목표를 달성한다'는 전제가 있습니다. 아마존을 예로 들자면, 계속해서 집요할 정도로 고객에게 집중하기 위해 필요한 행동이 무엇인지 고민하고, 이를 정리하여 의도적으로 전파하는 것입니다. 그냥 발견하는 것이 아니라 의도와 목적을 갖고 행동하며, 그러한 행동의 축적을 통해 문화를 만드는 것입니다.

프랑스 철학자 사르트르는 오직 인간만이 "실존이 본질에 앞선다"라고 주장했습니다. 대부분의 사물은 존재하는 목적이라는 본질이 있습니다. 의자는 앉는다는 목적을 위해, 연필은 쓰기 위해 존재합니다. 하지만 인간은 존재하는 이유와 목적을 규정하기가 너무나 어렵습니다. 어찌 보면 인간은 존재 이유가 있다기보다 세상에 우연히 태어났고, 매일 스스로 선택해 행동한 것들을 바탕으로 자신의 본질을 만들어가는 존재라 할 수 있습니다. 즉 의지와 행동을 통해 본질을 만들어가는 것입니다. 기업문화도 언뜻 보기에는 자연스럽게 만들어지고, 누군가에게 발견되며, 스토리를 통해 전달되는 것 같습니다. 하지만 그 안에는 해당 문화가 존재하는 이유를 증명하기 위한 의도적 노력들이 들어 있습니다. 문화를 설명함에 있어 가장 자주 사용되는 은유는 생명을 가진 유기체에 비유하는 것입니다. 유기체들은 자신이 속한 생태계와 끊임없이 교류하며 사멸을 막기 위한 투쟁을 지속합니다. 문화도 마찬가지입니다. 문화는 자신을 둘러싼 환경과 끊임없이 상호작용하며 스스로를 변신시켜나갑니다. 이러한 노력 없이 좋은 문화를 기대해서는 안 됩니다.

원인인가? 결과인가?

"성공하는 기업에는 그들만의 독특한 문화가 있다"라는 말을 자주 합니다. 기업문화는 조직의 성과를 창출하는 원동력이자 구성원의 몰입과 열정을 이끌어내는 핵심 동인이라는 표현도 자주 사용합니다. 우리가 일상에서 사용하는 이러한 말은 한 가지 전제를 가정하고 있습니다. 바로 문화는 원인이라는 생각입니다. 그래서 혹시나 조직의 성과가 떨어지거나 직원들의 사기가 저하

될 때, 우리는 '문화가 잘못된 것이 아닌가?' 하고 습관적으로 생각합니다. 문화는 정말 원인일까요?

결론부터 말씀드리면, 우리가 조직 생활에서 습관적으로 이야기하는 기업문화는 원인이라기보다 결과에 가깝습니다. 기업문화의 구루라 불리는 샤인 교수 또한 기업문화는 조직의 집단 학습의 '결과'라고 정의합니다. 하지만 현실에서는 지금껏 도전하지 않았던 신사업을 추진하고자 할 때 직원들이 보수적이고 실패를 너무 두려워해 일이 진행되지 않는다고 말하며 문화가 문제라고 단정합니다. 최근 많은 기업이 추진하고 있는 디지털 트랜스포메이션의 경우도 마찬가지입니다. 변혁의 가장 큰 걸림돌로 기업문화를 지목한 보고서가 숱하게 많습니다. 문화를 바꾸지 않고서는 원하는 변혁을 만들 수 없기에 문화 캠페인을 시작해야 한다고 조언합니다. 사내 방송을 통해 알파벳이나 애플, 마이크로소프트 등과 같은 글로벌 기업들의 일하는 방식을 소개하고, 리더 그룹을 모아 교육을 진행합니다. 각종 포스터를 붙이고, 공모전과 문화 혁신 캠페인을 진행합니다. 하지만 이런 활동을 추진한 결과 문화가 성공적으로 변했다는 사례는 찾아보기가 극히 어렵습니다. 실제로 디지털 트랜스포메이션을 추진하기 위해 담당 팀을 꾸리고 유명 컨설팅회사와 6개월에 걸쳐 프로젝트를 진행했던 담당자가 "회사의 기업문화 때문에 아무것도 할 수 없었다"라는 컨설팅 파트너사의 푸념만 듣고 프로젝트를 종

료했다는 이야기를 해주었습니다. 기업문화를 바꿔야 한다는 목표를 세워놓고, 기업문화 때문에 아무것도 할 수 없었다는 이상한 논리가 만들어진 것입니다.

모순된 상황처럼 보이지만 실제 기업 현장에서 빈번하게 나타나는 모습입니다. 이런 상황이 벌어지는 이유는 기업문화를 원인으로 보기 때문입니다. 기업문화를 원인이 아닌 결과라고 생각하고 현상을 바라보면 대응 방법이 달라집니다. 신사업을 추진할 때 직원들이 도전을 회피한다면, 도전하는 문화를 만들겠다고 접근하는 것이 아니라 도전하지 못하는 이유를 찾게 됩니다. 채용 시점부터 안정지향적 인재를 뽑고 있는 것은 아닌지, 평가나 보상 제도가 새로운 시도에 실질적인 가점을 주고 있는지 등 그런 현상이 나타나게 된 근본적 원인을 찾습니다. 특히, 이렇게 프레임을 바꾸면 기업문화가 특정 부서나 특정인의 일이 아니라 기업을 구성하고 있는 모든 부서의 일이 됩니다.

이때 주의해야 할 점은 '모두의 책임이라는 것은 그 누구도 책임을 지지 않는 것이다'라는 역설을 방지하는 것입니다. 이를 가장 효과적으로 방지한 사람이 마이크로소프트의 CEO 사티아 나델라Satya N. Nadella입니다. 2014년 스티브 발머Steve A. Ballmer의 후임으로 CEO 자리에 오른 나델라는 가장 먼저 SLTSenior Leadership Team를 다시 꾸리고, 구성원이 지녀야 할 세계관을 공유하는 데 많은 시간을 쏟습니다. 사람이 숨 쉬는 모습을 조직에 비유하며, 숨 쉴 때 허파만 움직이는 것이 아니라 입과 기관지, 심장, 혈관 등 모든 것이 완벽히 조화를 이뤄야 한 번의 호흡을 할 수 있듯이 모든 분야가 따로 놀 것이 아니라 원One 마이크로소프트처럼 움직이도록 하기 위해서입니다. 그리고 모든 시니어 리더들에게 문화에 대한 모든 책임은 자신과 SLT 멤버들에게 있음을 단호히 말합니다. CEO의 'C'는 문화를 뜻하는 'Culture'의 약자이며, 각 부문을 담당하는 CEO들은 문화를 담당하는 큐레이터라 정의하고 기업문화를 직접 챙기면서 마이크로소프트는 '나델라상스(나델라+르네상스)'를 맞이합니다.

경영학계의 이단아라고 불리는 민츠버그Henry Mintzberg는 경영을 사이언스Science, 크래프트Craft, 아트Art의 균형을 맞추는 과정이라고 정의합니다. 과학적 사고와 숫자에 기반해서만 의사를 결정해서는 안 되며, 장인들처럼 현장 경험을 충분히 반영하고, 예술을 하는 사람처럼 비전과 이미지를 그려내야 한다는 뜻입니다. 맨 꼭대기에 앉아 명령만 내릴 게 아니라 직접 뛰어들어 일이 돌아가는 전체를 보고, 직원들이 자신이 하는 일을 좋아하도록 활력을 불어넣는 사람이 경영자라고 말한 민츠버그처럼 문화도 경영자 모두가 직접 챙겨야 하는 것입니다.

강점인가? 장점인가?

기업문화 혁신 또는 재구축 작업을 할 때, 가장 먼저 하는 것이 진단입니다. 진단을 통해 문화의 강점과 약점을 파악하고, 이에 대응할 실행 계획을 세웁니다. 그런데 기업문화는 강점強點과 약점弱點을 가지고 있는 것일까요? 아니면 장점長點과 단점短點이 있는 것일까요? 일상에서 강점과 장점이 구분 없이 사용되긴 하지만 기업문화를 바라볼 때는 이 둘의 구분이 필요합니다. 강점은 '강할 강強' 자에서 알 수 있듯이 남보다 우세하거나 뛰어난 점입니다. 대개는 능력과 관련해서 많이 사용합니다. 장점은 '길 장長' 자를 써서 좋아하거나 잘하거나 긍정적인 점을 뜻합니다. 보통 성격이나 태도를 표현할 때 사용합니다. 장점이 절대적인 기준을 통해 스스로 알아가는 것이라면 강점은 상대적 비교를 통해 개발하는 영역입니다.

정의에서 보듯이 강점은 다른 비교 대상을 전제로 합니다. 따라서 강점이 무엇인지 알고자 할 때 부지불식간에 대상을 떠올립니다. 문화로 접근하자면 '이상적 기업문화'를 상정하고 비교합니다. 애플의 문화, 알파벳의 문화, 이케아의 문화 등과 비교해 경쟁 우위나 열위 요소를 찾습니다. 그런데 모든 기업에 적용되는 이상적인 기업문화란 존재하기 어렵습니다. 우리 회사가 애플이 아닌데 애플의 문화와 비교해서 강약점을 찾는 것이 무슨 의미가 있을까요? 물론 글로벌 일류 기업들의 기업문화를 분석해 봄으로써 내가 속한 조직이 지향해야 할 문화를 그려보는 일은 매우 의미 있습니다. 하지만 무작정 특정 기업의 문화와 비교해 차이를 줄이고자 하는 전략은 성공하기 어렵습니다.

문화를 혁신하고자 한다면 무작정 강점과 약점을 찾기보다 내가 속한 회사의 문화적 장점이 무엇인지 조사하는 일이 선행되어야 합니다. 우리 회사가 잘하는 것, 우리 팀이 선호하는 것, 직원들이 좋아하는 것이 무엇인지 알아보는 것입니다. '우리 회사는 고객에게 친절하게 대하는 것을 잘하지', '우리 팀은 스마트함보다는 성실함을 선호하지', '우리 직원들은 혼란보다 안정적인 것을 더 좋아하지'와 같은 것을 정의할 수 있어야 합니다. 이것이 제대로 정의되어야 실질적으로 문화를 움직이는 방법들이 작동합니다. 이렇게 발견된 장점과 단점이 바로 샤인 교수가 말한 문화의 가장 깊은 곳에 존재하는 암묵적 가정들입니다.

강점과 약점이라는 프레임에서 벗어나 장점과 단점이라는 프레임으로 보면 보이지 않았던 것들이 보입니다. 바로 장점과 단점이 서로 연결되어 있다는 점입니다. 수학에 강점이 있고, 영어에 약점이 있다고 생각하면 이 둘은 서로 연결되어 있는 것으로 보이지 않습니다. 하지만 친절하다는 장점이 있지만 자기 것을 챙기지 못한다는 단점이 있다고 생각하면, 장점 때문에 단점이 생긴 것이라는 사실을 쉽게 알 수 있습니다. 기업문화를 바라

볼 때는 이것이 매우 중요합니다. 어떤 회사가 도전적이지 못한 것이 고민이라면 그 반대편에는 신중함과 정확함이라는 장점이 존재할 수 있습니다. 기업문화 혁신 활동은 이 둘 사이 어딘가를 목표로 하는 것이지 한쪽만 취한다거나 양쪽 모두를 취하려는 것이 아닙니다. 기업문화는 100:0의 모습이 아닐 가능성이 높습니다. 51:49의 모습으로 나타날 수도 있고, 20:80의 모습으로 나타날 수도 있습니다. 이것을 받아들일 때 문화를 혁신할 준비가 된 것입니다. 문화적 장점을 찾아냈다면 그것이 조직의 경쟁력이 되도록 '강점'화시키는 것이 그다음 일입니다.

Part. 1-3

좋은 기업문화란 무엇일까?

강한 문화에 대한 오해와 진실

최근 몇 년 동안 신입 직원을 대상으로 문화 연수를 진행하면서 꼭 물어봤던 질문이 있습니다. 바로 '강한 문화'라는 말이 주는 느낌과 이미지를 그려보라는 것입니다. 최근 3년 동안의 결과를 보면, 강한 문화라는 단어에 부정적 느낌이 든다고 답한 신입 직원의 비율이 50% 이상이었습니다. 또한 강한 문화의 이미지에 대해서는 대부분 군대, 무서운 아버지, 제복과 규율 같은 것을 떠올렸습니다. 지금 이 책을 읽고 있는 분들의 생각은 어떠신가요? 어쩌면 우리도 강한 문화를 응집력, 희생정신, 시키면 토 달지 않고 하는 것 등과 동일시하고 있는지도 모릅니다.

기업문화를 경영의 핵심 요소로 정의한 딜과 케네디는 그들의 책에서 기업 성공의 원동력이 '강한 문화'라고 소개하며 실리콘밸리의 한 기업에서 인터뷰한 내용을 소개합니다. 그 내용은 "나는 회사에서 일하는 시간이 전혀 아깝지 않습니다", "회사에 대한 진정한 로열티가 있습니다. 회사를 위한 일이라면 무엇이든 할 수 있습니다", "회사의 목표가 곧 나의 목표입니다"와 같은 것입니다. 인터뷰 내용을 보면 어떤 느낌이 드시나요? 누군가는 강한 문화를 가진 회사에서 보이는 전형적인 모습이라고 생각할 수 있고, 다른 누군가는 옛날 꼰대 같은 문화라고 느낄 수도 있습니다.

앞서 기업문화는 결과이자 눈에 보이는 증상일 가능성이 높다고 말씀드렸습니다. 예시로 든 인터뷰 내용보다 어떻게 해서 그들은 저런 생각을 하게 됐는지에 관심을 가져야 합니다. 1980년대 실리콘밸리는 큰 위기에 처합니다. 인텔, IBM, HP, 애플 등이 좋은 성과를 내고 있었지만 일본을 중심으로 한 아시아 국가들의 등장으로 경쟁력을 잃고 있었습니다. 과거처럼 안정적인 일자리와 엄청난 보너스를 제공하기 어려운 상황이 되었습니다. 특히 그동안 실리콘밸리의 주도적 산업이었던 반도체, PC 등을 정보통신과 소프트웨어 산업 쪽으로 전환해야 할 상황에 처합니다. 이때 필요한 것이 지금 당장 주어지는 보너스나 복지 제도가 아닌 내적 동기부여를 통해 스스로 몰입하고 도전하는 인재였습니다. 그런 인재가 있는 곳은 실리콘밸리의 어려움을 이겨낼 수 있었고, 그렇지 못한 기업은 살아남지 못했습니다. 즉, 인터뷰 내용처럼 조직과 나를 일체화하거나 로열티를 갖는 모습이 강한 문화가 아니라, 그 당시 해당 산업에서 요구하는 특성을 보유하는 쪽으로 변한 기업이 강한 문화가 있는 곳입니다. 저자들이 인터뷰 내용을 종합해 내린 결론은 강한 문화는 이렇다, 저렇다가 아닙니다. 대신에 창의성을 중요시했던 실리콘밸리에서 조직 몰입도가 중요한 상황으로 변했을 때, 빠르게 변화를 수용해 적응한 문화를 강한 문화로 봅니다. 그리고 조직이 환경 변화에 적응하기 위해서는 사람이 중요하며, "사람 중심 문화가 강한 문화다"라는 결론을 내립니다. 조직 구조나 보너스 제도가 아닌 위와 같은 인터뷰를 할 수 있는 사람이 있는 조직과 없는 조직을 비교한 것입니다.

'강하다'라는 단어에서 오는 어감과 연상되는 이미지, 각종 기업문화 관련 서적에서 보이는 예시들은 강한 문화에 대한 고정관념을 만드는 듯합니다. 그래서 최근에 '우리 회사에는 강한 기업문화가 있다'라는 말에 거부감을 느끼는 것 같기도 합니다. 『절멸의 인류사』, 『폭발적 진화』 등 새로운 관점에서 인간의 진화를 연구하는 일본의 사라시나 이사오 교수는 "호모사피엔스는 강해서 살아남은 것이 아니라 살아남았기 때문에 강해진 것이다"라고 주장합니다. 유인원 중에서 강한 신체도 아니고, 날

카로운 이빨도 몸을 보호해주는 털도 없으며, 네안데르탈인에 비해 더 작은 뇌와 신체를 가졌지만 호모사피엔스는 최종 승자가 됩니다. 살아남기 위해 자신의 핸디캡을 다른 방식으로 메꿨기 때문입니다. 빨리 달릴 수 없다는 점은 오래 달릴 수 있음으로 상쇄하고, 털이 없어 체온을 유지하지 못하는 점을 불의 사용이라는 방식으로 극복합니다. 즉 강하냐 약하냐의 문제로 접근한 것이 아니라 생존을 위해 필요한 행동이 무엇인가로 접근한 것입니다. 강한 문화도 어찌 보면 살아남은 문화가 아닐까요? 그렇다면 강한 문화를 'Strong Culture'로 표현하기보다 지속가능하다는 의미의 'Sustainable Culture'로 표현하는 게 올바른 접근일 것입니다.

지속가능성을 만드는 적응성과 유연성

기업문화가 유행하던 1980년대에는 강한 기업문화에 대한 관심이 컸습니다. 특히, 매크로 위기를 극복하고 세계 일류 기업으로 발돋움한 일본 기업들을 보면서 강한 문화의 특징을 규정합니다. 그 시기에 발견한 강한 문화의 특징은 응집성Cohesiveness, 동질성Homogeneity, 안정성Stability, 일치성Congruence, 내부 통제Internalized Control와 같은 요소였습니다. 강한 문화의 특징을 찾는 것과 함께 실제로 강한 문화가 기업의 성과에 영향을 미치는지에 대한 연구도 지속됩니다. 대표적인 것이 하버드대학교 존 코터John P. Kotter와 제임스 헤스켓James L. Heskett 교수의 연구입니다. 그들은 미국 내 22개 산업군에 속한 약 200여 개의 기업을 대상으로 강한 기업문화를 대표하는 특징의 강도와 경제적 성과의 관계를 분석합니다. '강한 기업문화가 높은 경제적 성과를 가져온다'는 가설이 입증되었지만 일관성 있는 결과를 얻지는 못합니다. 특히, 일부 전문가들은 강한 문화가 변화를 가로막아 조직의 성과를 하락하게 만들 수 있다는 점에 주목합니다. 이에 따라 코터와 헤스켓의 조사 결과를 다시 분석하게 됩니다. 이때 강한 문화는 경영 환경에 따라 다른 결과를 만든다는 점이 밝혀집니다. 실증 결과를 보면, 불확실성과 변동성이 작아 안정적인 산업군에서는 강한 문화가 일관되게 성과에 긍정적 영향을 미쳤습니다. 하지만 변동성이 크고 새로운 경쟁자가 빠르게 출현하는 환경에서는 강한 문화가 오히려 부정적 영향을 미친다는 사실을 발견합니다. 앞서 이야기한 '강함'을 'Strong'으로 여기고 문화적 응집력, 동질감 등만 강조했을 시에는 급변하는 환경에서 문화가 장애 요소가 된다는 점이 밝혀진 것입니다.

이때부터 문화를 바라보는 시각이 바뀝니다. 진정으로 강한 문화는 환경과의 적합성이나 변화하는 환경에 적응할 수 있는 유연성에 기인한다는 생각이 자리 잡게 됩니다. 현재는 응집력이 중요하지만 앞으로는 독립성이 중요해지는 환경이 도래한다면, 유연하게 독립성을 발휘할 수 있는 분위기로 빠르게 전환할 수 있는지 여부가 강한 문화인지 아닌지를 구분하는 기준이 된 것입니다. 특히 뷰카VUCA로 대변되는 현시대에는 적응성과 유연성이야말로 가장 중요한 문화적 요소라 할 수 있습니다.

변해야 할 것과 변치 말아야 할 것

"모든 것이 변하는 이유는 변화가 사물의 본질이기 때문이다"라는 말이 있습니다. 모든 것이 고정되어 있는 것 같지만 실은 계속 변화하고 있습니다. 기업문화가 유연함을 갖춘다는 것은 변화를 당연하게 받아들이는 풍토를 갖춘다는 것을 의미합니다. 유연한 문화를 만들기 위해서는 그동안 우리 조직이 당연하게 여겼던 원칙이나 기준, 확실하다는 느낌이 주는 편안함 등을 내려놓고 지금까지 우리가 대응했던 방식이 더 이상 정답이 아닐 수 있다고 생각해야 합니다. 더 나아가 우리 조직은 정답을 모른다고 생각할 수 있어야 합니다. 그래야 과거 경험에서 벗어나 새로운 상황을 열린 마음으로 받아들일 수 있습니다.

새로운 것을 받아들이려 할 때 우리는 보통 지금까지 잘 지켜왔던 정체성이 흔들리지 않을까 걱정합니다. 그런데 이것은 정체성을 너무 좁게 해석하기 때문입니다. 정체성을 뜻하는 영어 단어인 'Identity'는 '같음' 또는 '동일성'을 의미하는 라틴어 'Identitas'에서 유래했습니다. 그런데 'Identitas'와 연결되어 있는 고대 그리스어 'Tautotes'는 그 의미가 조금 다릅니다. 그리스어 어원은 '자신' 또는 '자체'를 의미합니다. 즉 정체성이라는 단어의 뿌리를 보면 동일성에 기반한 정체성과 자기성에 기반한 정체성 두 가지가 섞여 있습니다. 동일성으로서의 정체성은 환경이나 상황의 변화에도 불구하고 동일한 존재이고 싶다는 의미입니다. 그래서 '우리다움'을 지향하는 정체성 또는 변하지 않는 정체성이라 부릅니다. 반면 자기성으로서의 정체성은 나는 누구인가를 끊임없이 고민하며 스스로 변화해가는 정체성이라 할 수 있습니다. 차이를 강조하기에 '나다움'을 지향하는 정체성 또는 변화하는 정체성이라 부릅니다.

정체성의 이런 이중적 성격으로 인해 정체성이 형성되는 과정에도 상반된 두 가지가 작용합니다. 일체화와 분리입니다. 일체화란 말 그대로 누군가와 하나임을 느끼는 것입니다. 아이와 부모가 교류하며 하나됨을 느끼거나 학교에 들어가 친구들과 만나면서 집단의 요구에 순응하는 과정입니다. 그래서 어떤 존재가 정체성을 갖는 일을 역사적 산물이자 문화적 산물을 받아들인다고 말하는 듯합니다. 하지만 정체성은 일체화로만 완성되지 않습니다. 앞서 나다움을 지향하는 정체성이 존재한다고 이야기했듯이 가족과 공동체로부터 스스로를 분리해보는 과정이 필요합니다. 이것은 차별성을 위해 내 존재의 당위성을 스스로 찾는 경험입니다. 중2병, 사십춘기 같은 말이 있습니다. 이는 나다움을 찾기 위한 저항이라 할 수 있습니다. 일체화와 분리는 한두 번으로 끝나지 않고 지속적으로 반복됩니다.

기업이 창업된 후 문화적 정체성을 형성해가는 과정을 보면, 사람들이 정체성을 형성해갈 때의 일체화와 분리의 과정을 똑같이 경험합니다. 사회적 공기公器로서 수행해야 할 의무와 책임을 인식하며 '우리다움'을 만들어가면서, 사회 속에서 나만의 독특함을 유지하기 위해 나다운 무언가를 실행하는 것입니다. 전 세계 사람들이 누구나 평등하게 정보에 접근할 수 있도록 한다는 의무감을 독자적인 검색 알고리즘을 통해 가장 빠르게 전달하는 회사가 있다고 가정해봅시다. 앞에서 말한 '누구나 평등하게 정보에 접근하도록 하는 것'이 바로 변치 말아야 할 정체성이며, '독자적인 알고리즘과 빠른 검색 속도'는 변할 수 있는 정체성이 됩니다. 좋은 기업문화를 갖고 있다는 것은 변치 말아야 할 것과 변해야 할 것을 명확히 이해하고 있는 조직임을 뜻합니다. 그런데 안타깝게도 보통의 기업들은 이 두 가지를 반대로 생각합니다. 내가 나답게 잘하는 것에 집착하고, 사회적 존재로서 지켜야 할 의무를 쉽게 잊습니다. 빠른 검색 속도라는 정체성에 집착한 나머지 혐오와 폭력 등에 무관심하다면, 그 회사의 문화는 이미 사회적으로 존재할 수 없게 됩니다. "어떤 조직도 홀로 존재할 수 없다. 기업도 마찬가지다. 기업이 사업을 잘한다고 해서 정당화될 수 없으며, 오직 사회에 이로울 때만 정당하다"라는 피터 드러커의 말을 기억해야 합니다.

상징과 스토리가 만드는 문화 네트워크

'웹 3.0의 시대'라는 말을 자주 듣습니다. 웹 3.0을 실체 없는 중앙화된 인터넷의 마케팅 수단에 불과하다고 폄하하는 사람도 있고, 웹에 대한 근본적 철학이 바뀌는 역사적 시점이라고 주장하는 사람도 있습니다. 어찌 됐든 이처럼 논쟁이 치열하다는 것은 패러다임의 변화를 만드는 요소가 될 수 있다는 뜻일 겁니다. 월드와이드웹World Wide Web의 약칭인 웹은 유럽 입자물리연구소에서 여러 대학과 연구 기관에서 일하는 물리학자들이 문서 분실을 방지하고 신속하게 정보를 교환하는 방법을 찾기 위해 진행된 프로젝트의 결과로 탄생했습니다. 초기 웹, 즉 웹 1.0 시대에는 오직 '읽기' 기능에만 초점이 맞춰져 있었습니다. 정보를 제공하는 누군가가 존재하고, 사용자들은 특정 웹 브라우저를 통해 자료를 열람하고 간단한 댓글을 남기는 수준이었습니다. 즉, 웹 1.0 시대는 콘텐츠의 생산자와 소비자가 분리되어 있던 시대라 볼 수 있습니다. 그러던 중 2004년 전후로 페이스북, 유튜브와 같은 소셜 미디어 웹 사이트가 등장합니다. 해당 사이트에서는 누구나 원하는 콘텐츠를 올리고 공유할 수 있는 대화형 서비스가 제공됩니다. 기존에 검색과 '읽기'만 가능했던 웹에 '쓰기'라는 기능이 더해집니다. 웹 2.0이라는 개념을 제시한 팀 오라일리Tim O'Reilly는 "웹 2.0의 다른 이름은 플랫폼으로서의 웹이다"라고 정의했습니다. 콘텐츠의 생산자와 소비자의 구분 없이 사용자들의 적극적인 참여와 공유, 쌍방향 커뮤니케이션이 가능한 플랫폼 형태의 웹이 지배하는 세상이라는 뜻입니다. 그런데 여기서 공정성 이슈가 나타납니다. 독점하는 플랫폼 기업들이 나타나고 콘텐츠를 생산하고 공유한 사람에게 정당한 보상이 이루어지지 않은 것입니다. 그래서 플랫폼 기업들에 의한 수동적 분배가 아니라 기여한 바에 대해 시스템이 공정하게 분배하는 '프로토콜 경제'로의 변화를 꿈꿉니다. 그리고 이런 프로토콜 경제를 만들기 위해 대안으로 제시되고 있는 것이 웹 3.0입니다. 웹 1.0이 '읽기', 웹 2.0이 '읽기와 쓰기'가 중심이었다면 웹 3.0은 '읽기, 쓰기, 소유'의 균형을 맞춘다는 철학에 기반합니다.

기업문화를 이야기하다가 갑자기 웹 3.0을 이야기하는 이유가 궁금하실 겁니다. 사실 웹의 진화 방향은 문화의 진화 방향과 매우 유사합니다. 기업문화가 처음 만들어질 때는 누군가가 올바른 가치관과 철학, 일하는 방식을 규정하는 경우가 많습니다. 보통 누군가는 '창업자'가 됩니다. 이렇게 형성된 콘텐츠들을 구성원은 소비만 합니다. 하지만 조직이 성숙하면서 구성원은 주어진 문화를 소비하는 사람에서 새로운 문화를 창조하는 사람이 되고자 하는 욕망이 생깁니다. 수동적으로 배웠던 것들을 능동적으로 해석하고 적용하며 만들어가는 주체가 되고자 합니다. 문화가 중앙에서 통제되는 것이 아니라 구성원에게 분산·공유되어 구성원이 문화의 생산자이자 소비자 역할을 하게 되는 것입니다. 좋은 기업문화란 통제의 수단이 아니라 자율과 확장의 기반이 되는 것입니다. 물론 문화 형성 초기에 필요한 행동과 일하는 방식을 규정하고 알리는 과정이 반드시 필요합니다. 하지만 문화가 거기에만 머물러 있어서는 안 됩니다. 웹이 진화한 것처럼 기업문화의 주도권을 구성원에게 돌려줄 수 있어야 합니다.

신한은 '신한문화 리부트'를 추진하면서 '신한WAY'를 '신한WAY 2.0'으로 변경했습니다. 비전과 핵심 가치가 변경되었지만, 바뀐 말보다 더 중요한 것은 철학이 바뀌었다는 사실입니다. 기존 신한WAY에서는 핵심 가치와 핵심 가치별 키워드, 행동 규범 등을 세세히 정의하고 기준에 맞는 행동을 하도록 유도하는 게 목표였습니다. 하지만 2.0 버전으로 바꾼 후에는 간단한 정의 하나만 두었습니다. '바르게, 빠르게, 다르게'라는 핵심 가치의 의미만 설명한 채, 이에 대한 실천과 적용 방식 등을 직원들의 자율에 맡긴 것입니다. 좋은 기업문화가 있다는 것은 멋지고 훌륭한 핵심 가치나 비전, 미션을 가지고 있다는 뜻이 아닙니다. 아무리 좋은 비전이 있더라도 액자 속에서만 존재할 뿐 현실에 반영되지 않는다면, 구성원이 내 것이라 믿고 실천하지 않는다면 의미가 없습니다. 웹의 철학이 진화하는 것처럼 문화도 공감, 참여, 자율, 공정의 관점으로 진화하는 것입니다.

조직 중심에서 직원 중심으로 기업문화의 철학이 바뀌면서 더욱 중요해지는 것이 있습니다. 바로 문화적 상징과 스토리 그리고 그것들이 연결될 수 있는 네트워크입니다. 상징이란 사회적 제도나 규약, 문화 등에 의해 정의된 추상적인 개념을 구체화해주는 것을 뜻합니다. 페이스북의 '좋아요' 버튼이나 아마존의 'Day 1 사무실', 신한은행의 '동전카트'와 같이 서비스와 물건일 수도 있고 애플의 스티브 잡스, 테슬라의 일론 머스크와 같이 사람도 상징이 될 수 있습니다. 문화적 상징의 핵심적 역할은 그것을 본 구성원의 상상력을 자극해 무엇인가 스스로 해보고 싶도록 만드는 것입니다. 상징 자체가 가지고 있는 의미도 중요하지만 그것보다 상징으로 인해 개개인이 어떤 가치 있는 변화를 경험하는지가 더 중요합니다. 회사에서는 'Day 1 사무실'을 너무나 중요한 공간이라고 생각하지만 정작 구성원이 그곳에서 어떤 변화도 경험하지 못한다면, 그것은 상징으로서 가치를 잃은 것입니다. 따라서 기업문화의 상징을 관리하는 일은 상징이 현재 그리고 미래에 어떻게 투영되어야 하는지 늘 재정의하는 작업을 뜻합니다. 금융의 문턱이 높았던 시절, 창업한 지 10년 남짓한 신설 은행의 직원들이 영업점을 박차고 나와 카트에 동전을 싣고 새벽 시장 여기저기를 돌면서 동전을 바꿔주었던 행위에 매몰되는 것이 아니라, 왜 그들이 새벽 시장으로 달려갔는지 그리고 지금 금융이 찾아가야 할 곳과 그 방법은 무엇인지 상상해볼 수 있도록 하는 것이 살아 있는 상징입니다.

문화적 상징들이 재해석되는 과정에서 스토리가 만들어집니다. '나를 통과한 메시지만이 다른 사람의 마음을 움직일 수 있다'는 말이 있습니다. 우리는 스토리를 누군가의 이야기라고 생각하지만, 문화적으로 가치 있고 의미 있는 스토리는 화자의 가슴을 통과한 스토리입니다. "과거에 누군가 이랬다더라"가 아니라 "나는 이렇게 생각하고, 미래에 이런 것이 필요해"가 진짜 울림이 있는 스토리입니다.

스토리가 힘을 갖기 위해서는 또 하나의 조건이 필요합니다. 바로 스토리가 전파될 수 있는 장, 즉 네트워크입니다. 좋은 문화를 가지고 있는 기업은 상징과 스토리가 전파되는 강한 문화 네트워크를 가지고 있습니다. 강한 문화 네트워크를 정보가 일사불란하게 전달되는 채널로 생각해서는 안 됩니다. 딜과 케네디가 말한 것처럼 다양한 특성과 경험을 가진 사람들이 존재하는 네트워크가 강한 문화 네트워크입니다. 설득하는 사람, 들어주는 사람, 조언해주는 사람, 소문을 내는 사람 등 다양한 사람들이 네트워크 내에 동등하게 존재해야 합니다. 문화 네트워크는 신뢰 네트워크입니다. 누군가 일방적으로 조정한다는 느낌을 받게 되면 문화 네트워크는 작동하지 않습니다. 단순히 토론회, 워크숍, 간담회를 자주 진행한다고 해서 문화 네트워크가 만들어지는 것도 아닙니다. 구성원이 알고 싶어 하는 정보를 주고, 상대방을 있는 그대로 존중해주며, 격려하고 공감하는 행위가 쌓여야 합니다. 우리 회사나 팀의 네트워크 수준을 알고 싶다면 서로 주고받는 이야기를 잘 들어보면 알 수 있습니다. '누군가의 이야기를 하는가, 아니면 내 이야기를 하는가?', '옛날 이야기를 하는가, 아니면 미래에 대해 이야기하는가?', '비판이 중심인가, 대안이 중심인가?'를 살펴보면 됩니다.

자기 진단과 자기 처방이 가능한 조직

인공지능의 발달은 인간에게 편리함이라는 선물을 주는 한편, 미래의 인간은 무슨 일을 할 것인지에 대한 어려운 과제를 던지고 있습니다. 인간의 영역이라고 생각했던 예술 관련 분야에서조차 인공지능이 괄목할 만한 성과를 내면서 그 논의는 한층 심화되고 있습니다. 실제로 미국 콜로라도 주립 박람회에서 주최한 미술 대회에서 인공지능이 그린 작품이 1위에 올라 논란이 된 적이 있습니다. 이뿐만 아니라 주요 언론이나 연구 기관들은 10년 뒤 사라질 직업, 20년 뒤 사라질 직업 리스트를 앞다투어 발표하며 불안감을 키웁니다.

이런 상황에서 우리가 주목해볼 만한 것이 '모라벡의 역설'입니다. 미국의 로봇공학자인 한스 모라벡Hans Moravec이 주장한 것으로 인간에게 쉬운 일은 컴퓨터에게 어렵고, 컴퓨터에게 쉬운 일은 인간에게 어렵다는 것입니다. 인간은 먹고, 마시고, 걷고, 만나고, 이야기하는 등의 일상 행동은 아주 쉽게 하지만 복잡한 수식을 계산하거나 반복적인 일을 정확하게 하는 것에는 매우 약합니다. 반면 인공지능이나 로봇은 인간이 일상적으로 하는 행동을 그대로 따라 하는 것을 어려워하지만 수리적 계산, 데이터 분석, 반복적 행동은 매우 쉽게 합니다. 그런데 컴퓨터의 성능과 기술의 발달로 모라벡의 역설이 역사 속으로 사라질 것이라는 이야기도 심심치 않게 들립니다. GPT-3Generative Pre-trained Transformer 3가 대표적인 예입니다. GPT-3는 딥러닝을 활용해 인간다운 텍스트를 만드는 언어 모델입니다. 자유로운 대화뿐만 아니라 연구자가 조사한 데이터를 제공하면 논문 한 편이 그대로 나오는 수준입니다. 물론 자동으로 표절 여부도 검사합니다.

새로운 기술과 서비스가 등장할 때마다 '인간은 무엇을 해야 할 것인가?'라는 질문에 지적 유희를 넘어 생존의 관점에서 진지하게 접근해야 할 시기라는 생각을 하게 됩니다. 그렇다면 인공지능 기술이 아무리 발달하더라도 대체할 수 없는 것은 무엇일까요? 많은 전문가가 '질문'을 꼽습니다. 아주 어려운 수학이나 물리학 문제를 척척 풀어내고, 데이터만 주어지면 거기서 주제와 키워드, 시사점을 도출할 수 있지만 인공지능은 아직 먼저 질문을 던지지 못합니다. 호기심을 갖고 궁금해하지 않습니다. 그 이유는 인공지능 스스로 무엇을 알고 무엇을 모르는지 그리고 무엇을 알고 싶은지에 대해 알지 못하기 때문입니다. 미래 인간에게 필요한 능력은 '창의성'이라고 합니다. 하지만 여기서 가리키는 창의성은 새로운 것을 만들고 답을 찾아내는 능력이 아니라 '왜'라고 질문하는 능력이라 할 수 있습니다.

이는 기업문화에도 그대로 적용됩니다. 좋은 기업문화란 답이 정확한 문화가 아니라 누구나 질문을 던질 수 있는 문화입니다. 지금 우리 조직이 사회가 요구하는 역할을 잘 수행하고 있는지, 시대정신과 어긋나는 것은 없는지, 지속가능성 관점에서 성장하고 있는지 쇠퇴하고 있는지 질문을 던지는 것입니다. 이러한 과정을 '자기 진단'이라고 합니다. 자기 진단은 매년 실시하는 기업문화 진단과는 그 결이 조금 다릅니다. 기업문화 진단을 통해 밝혀진 문화적 현상을 보고 숙고를 통해 원인을 찾아보는 것, 우리 회사가 믿고 바라는 것이 아니라 사실을 보고 판단하는 것이 자기 진단입니다. 몰입도가 낮을 때, 몰입도를 KPIKey Performance

Index에 넣어 점수를 올리려고 하는 것이 아니라 시대가 요구하는 몰입이 무엇인지 정의해보고, 직원 몰입도에 영향을 주는 요소를 찾아내는 과정입니다. 올바른 자기 진단 여부는 과거의 성공 기억에서 벗어났는지 생각해보면 알 수 있습니다. 성공한 사람의 가장 큰 적은 성공한 '기억'이라는 말이 있습니다. 성공한 다음 그 기억에 갇히면 해당 조직은 현실과 현장을 보지 못하고 기억에 주도권을 빼앗깁니다. 기억에 주도권을 빼앗긴 조직은 전진하지 못합니다. 자기 진단을 할 때 "성공 속에 쇠망의 씨앗이 있다"는 말을 기억해야 합니다. 다양한 의미로 사용되고 있는 문구이지만 기업문화 진단의 측면에서 보면, 진단의 기준이 과거가 아닌 미래가 되어야 한다는 뜻입니다.

우리가 지향할 조직은 자기 진단 후 자기 처방을 할 수 있어야 합니다. 자기 처방은 스스로 문제 해결 방안을 찾아보는 것입니다. 기업문화가 약한 조직들은 보통 각오나 슬로건을 처방이라고 생각합니다. 힘들게 자기 진단을 해놓고 '수평적 문화를 만듭시다', '열심히 해봅시다'로 기업문화 활동을 끝내는 경우가 많습니다. 진정한 자기 처방은 문화를 움직일 수 있는 기동장치나 메커니즘을 만드는 것입니다. 문화가 만들어지고 변화하는 것은 매우 긴 과정입니다. 문화를 구성하는 기본 가정들과 실질적인 행동의 변화를 요구하기 때문입니다. 그런데 이러한 장치들은 누군가 만들어줄 수 없습니다. 업의 속성이나 외부 환경, 구성원이

다르기 때문입니다. 기업문화를 담당하는 부서에서 외부 컨설팅 회사와 함께 단기에 효과를 입증할 프로그램을 도입하는 경우가 있습니다. 물론 변화 관리 단계에서 필요한 과정이나 이것이 전부는 아닙니다.

예를 들어, 요즘 기업문화와 관련해서 가장 많이 이야기되고 있는 것 중 하나가 '심리적 안전감Psychological Safety'입니다. 조직 심리, 조직 행동 분야에서는 1990년대부터 널리 연구되어온 주제이나, 이것이 현업에서 주목받기 시작한 것은 구글의 아리스토텔레스 프로젝트 결과가 발표된 이후입니다. 구글은 전 세계에서 가장 유능한 사람들만 모아 조직을 구성했음에도 팀마다 성과에 차이가 난다는 점이 고민이었습니다. 이에 탁월한 성과를 내는 팀에는 어떤 특징이 있는지 알아보는 프로젝트를 진행했고, 그 프로젝트를 '아리스토텔레스 프로젝트'라 명명했습니다. 2년간의 조사 끝에 심리적 안전감이 핵심적 요소임을 찾아낸 구글은 조직개발과 리더십 코칭의 목표를 심리적 안전감 강화로 잡습니다. 가장 혁신적이고 최고의 성과를 내고 있는 구글에서 주목하고 있다고 하니, 심리적 안전감은 여러 기업의 벤치마킹 대상과 문화를 진단할 때 알아보는 핵심적 요소가 되었습니다. 그렇다면 심리적 안전감을 높여주었던 모든 기업이 구글과 같은 성과를 냈을까요? 최근 실증 연구들을 보면 심리적 안전감이 모든 산업 분야, 모든 업무에서 동일한 효과를 내지 못한다는 점이 밝혀지고 있습니다. 미국에서 진행된 조사에 따르면 과도한 심리적 안전감이 구성원의 비윤리적 행위를 증폭시켜 오히려 조직을 어려움에 빠뜨렸다는 연구 결과가 발표되기도 했습니다.

자기 진단과 자기 처방은 이벤트가 아닌 여정입니다. 절대 한 번으로 끝나지 않습니다. 조직의 흥망성쇠에 영향을 주는 요인이 무엇인지 학습하고, 그 기준에 맞춰 진단해보고, 자신만의 방식을 대입해봐야 합니다. 모든 기업에, 모든 시기에 적용되는 이상적 기업문화는 존재하기 어렵습니다. 딜과 케네디의 주장처럼 기업은 외부 환경과 끊임없이 교류해야 하는 숙명을 가지고 있기 때문입니다. 스스로 진단하고 처방을 내릴 수 있는 견고한 프로세스가 좋은 문화를 만듭니다.

Part. 1-4

기업문화는 왜 변질되는 것일까?

문화적 엔트로피

새해 첫날이 되면 많은 분들이 공통적으로 하는 일이 새해 계획을 세우고, 주변을 깨끗이 정리하는 것이 아닐까 합니다. 새로운 마음으로 지저분한 방과 책상 등을 정리하는 것입니다. 그런데 참 이상한 일이 벌어집니다. 며칠만 지나면 방과 책상이 지저분해지고 주변에는 또다시 이런저런 물건이 쌓여 너저분해집니다. 특별히 무엇을 한 것이 아닌데도 말입니다. 이처럼 질서 정연했던 것들이 시간이 지나면서 자연스럽게 무질서해지는 현상을 '엔트로피Entropy 법칙'이라 부릅니다. 아인슈타인이 "엔트로피 법칙이야말로 모든 과학에 있어 제1법칙이다"라고 말했을 정도로 여러 분야에서 활용되는 법칙입니다.

엔트로피는 '변환'을 뜻하는 그리스어에서 온 단어로, 열역학에서 유용하지 않은 에너지의 흐름을 설명하기 위해 만들어진 개념입니다. 쉽게 '무질서' 또는 '사용할 수 없는 에너지' 정도로 생각하면 됩니다. 에너지는 형태가 변할 뿐 총량은 일정하다는 '에너지 보존 법칙'이 외부의 개입 없이 특정 계의 에너지 총량은 항상 고정되어 있다는 법칙이라면, 열역학 제2법칙이라 불리는 엔트로피 법칙은 열의 이동 방향성을 설명하기 위해 고안된 개념입니다. 엔트로피 법칙은 고립된 계에서 엔트로피는 증가하는 방향으로만 움직일 뿐 그 반대로 움직이지 않는다는 법칙입니다. 뜨거운 물을 상온에 두면 식지만, 의도적으로 열을 가하지 않는 이상 식은 물을 상온에 둔다고 다시 뜨거워지지 않습니다. 또 뜨거운 물과 차가운 물을 섞으면 뜨거운 물이 그나마 조금이라도 있던 차가운 물의 에너지를 뺏어 와 더욱 뜨거워지거나 반대로 찬물이 더 차가워지는 현상은 절대 일어나지 않습니다. 어찌 보면 이 엔트로피 법칙은 너무나 당연한 이야기를 하는 듯합니다.

미국의 경제학자이자 사회학자인 제러미 리프킨Jeremy Rifkin은 이런 현상이 자연과학에서뿐만 아니라 사회과학 분야에서도 그대로 나타난다고 말합니다. 특정 제도나 법칙, 문화 등도 지속적인 외부 자극이나 에너지 수혈이 없으면 처음 의도한 것들이 크게 왜곡되고, 심한 경우 조직이나 사회의 기능을 완전히 마비시키는 원인이 된다고 주장합니다. 특히 문화적 측면에서 엔트로피가 무서운 것은 문화 네트워크를 타고 기하급수적으로 증가하기 때문입니다. 2009년 서울대학교에서 진행한 실험에서 나쁜 소식이 좋은 소식에 비해 4배나 빠르게 전파된다는 점이 밝혀졌고, 최근 뇌 진화와 관련된 연구에서도 나쁜 소식에 민감한 것이 생존에 유리했기 때문에 인간 사회는 어쩔 수 없이 나쁜 이야기를 좀 더 빠르게 전달할 수밖에 없다는 주장이 많이 나오고 있습니다. 경험적으로도 우리는 이런 현상을 자주 목격하고 있습니다. 잘한 행동이나 우수 사례는 잘 전파되지 않지만 잘못된 사건이나 징계 내용은 빠르게 전파됩니다. 또한 승진자의 99%를 조직이 공표한 기준에 맞춰 승진시키고, 1%만 특수 요인을 반영했다고 했을 때, 1%로 인해 전체가 잘못된 승진이라는 이야기가 도는 것과 같은 경우를 보셨을 것입니다. 그만큼 엔트로피는 자연과학에서보다 사회과학에서 파급도가 훨씬 크다는 점을 알 수 있습니다. 그래서 21세기 가장 영향력 있는 경영학자로 선정된 게리 하멜Gary P. Hamel이 앞으로 경영에서 가장 중요한 것은 "엔트로피의 적이 되는 것"이라고 주장했는지 모릅니다.

앞서 인위적 개입이 없다면, 무질서나 쓸모없는 에너지를 뜻하는 엔트로피는 증가하는 방향으로만 움직인다고 말씀드렸습니다. 그렇다면 기업문화를 관리하지 않았을 때 혹은 기업문화 관리에 실패했을 때 만나게 되는 엔트로피는 무엇일까요? 두려움, 무기력, 침묵, 수동성 등 다양한 단어로 표현되지만 그 핵심은 관료화, 권위주의, 평균화라고 생각합니다.

조직의 역동성 이해하기

기업문화에서 나타나는 세 가지 엔트로피를 살펴보기 앞서 먼저 이해해야 할 것이 있습니다. 바로 조직 역동성Organizational Dynamics입니다. 조직 역동성이란 '조직은 고정불변한 것이 아니며, 유기체처럼 살아 움직인다'는 의미입니다. 대부분의 기업에서 리더십이나 문화 연수를 진행할 때, 조직이나 팀 이론을 기본적으로 다룹니다. 이때 조직을 명사 형태인 'Organization'으로 보는 경우가 많으나, 현실에서는 동사형이자 현재진행형인 'Organizing'으로 접근해야 합니다.

조직이 역동적으로 움직인다는 것은 두 가지 의미를 가지고 있습니다. 먼저 조직을 둘러싼 환경이 역동적으로 움직임에 따라 이에 적응하는 과정에서 조직 또한 지속적으로 변화할 수밖에 없다는 접근입니다. 조직 환경은 일반적으로 조직에 영향을 주는 모든 것을 의미합니다. 정치, 경제, 사회, 문화뿐만 아니라 기술적 환경이나 제도적·산업적 환경 등도 해당됩니다. 환경 변화에 대응해 조직이 어떻게 변하는지를 설명하는 이론은 매우 다양합니다. 환경이 절대적 영향을 미쳐 환경 적합도에 따라 생존과 도태가 결정된다는 조직생태학 이론부터 조직 외부의 이해관계자들이 평가하는 조직 정당성과 규제 등에 따라 조직이 변한다는 제도화 이론, 조직 환경은 절대적으로 주어지는 것이 아니라 경영자의 전략적 선택에 의해 달라진다는 전략적 선택 이론 등이 대표적입니다. 환경과 전략에 대해 연구한 하버드대학교의 밀러D. Miller 교수는 조직 환경 변화가 특정 영역에서만 일어나는 것이 아니라 경제, 정치, 제도 등이 복합적으로 얽혀 발생한다는 점에 주목해 환경 변화의 원인보다는 변화의 양상이 더욱 중요함을 밝힙니다. 즉 객관적으로 예측가능한 명확한 환경, 몇 개의 대안이나 시나리오에서 움직이는 선택을 할 수 있는 대안이 존재하는 환경, 변화의 끝을 알고 있는 발생 범위 내의 환경, 예측하기 힘든 완전히 모호한 환경으로 구분합니다. 그리고 조직은 자신이 어떤 환경 변화 양상에 있는지에 따라 새로운 모습을 만들거나 환경에 적응하거나 환경을 떠나는 등의 행위를 통해 조직을 변화시킨다고 주장합니다.

한편 조직의 역동성은 외부 환경에 대한 대응으로 나타나는 것이 아니라 조직의 성장 과정에서 만나는 내적 요인에 의해 나타난다는 시각도 있습니다. 대표적인 것이 미국 서던캘리포니아대학교의 그라이너L. E. Greiner 교수가 제시한 '조직 성장 모형'입니다. 그라이너는 조직이 커지고 사업이 고도화되는 과정에서 현 체제를 유지하기 위한 안정적 진화Evolution와 새로운 성장 곡선으로 올라타기 위한 파괴적 변혁Revolution은 당연히 일어나며, 이러한 역동성이 조직이 사멸하는 것을 막아주는 에너지라고 생각합니다. 그는 조직이 파괴적 변혁을 해야 하는 순간을 기준으로 5단계 성장 모형을 만듭니다. 1단계는 창업 단계로, 이 시기에는 주로 창업자나 소수 리더 그룹의 '창조성Creativity'에 의존해 성장합니다. 독특한 아이디어와 기업가 정신으로 뭉친 리더들이 조직의 성장을 주도하는 시기입니다. 그런데 시간이 지나고 조직이 커지면서 이들은 경영 관리의 위기에 봉착합니다. 1단계 성장을 이끌었던 리더들이 상품이나 시장을 개척하는 일 외에 조직을 관리하고 운영하는 데 어려움을 겪음으로써 성장이 정체되는 시기입니다. 이때 겪는 위기를 '리더십의 위기'라고 칭합니다. 첫 번째 위기를 경험한 조직은 유능한 전문가를 영입하고, 조직을 전문 분야로 분화시키는 변혁을 단행합니다. 그리고 '지시Direction'에 기반해 조직을 운영합니다. 내부적으로 전문화와 정확한 업무 분장 등이 나타나며, 조직은 효율성과 안정성을 높이는 방향으로 진화합니다. 하지만 2단계에서도 위기에 봉착합니다. 직원들이 수동적으로 바뀌고, 고객보다는 본인이 속한 팀이나 상사에 집중하는 현상이 나타납니다. 즉, '자율성의 위기'가 발생하는 것입니다. 자율성의 위기는 3단계 변혁을 요구합니다. 바로 '권한 위임Delegation'의 단계입니다. 흔히 사업부제가 대표적 형태라 할 수 있습니다. 3단계에 진입한 조직은 분산된 조직의 리더들의 강력한 동기를 바탕으로 시장을 확대해갑니다. 생산, 영업, 기술 개발 등으로 조직이 분화되고, 분화된 조직에 더 많은 권한과 책임이 부여됩니다. 커뮤니케이션은 대면이나 비공식적 조율이 아닌 문서나 공식 채널을 통해 이루어집니다. 3단계에서의 진화 과정을 보면 자연스럽게 다음에 나타날 문제가 예상될 것입니다. 조정의 약화입니다. 전사적 관점에서 사업이나 전략 등이 통합되지 못한 채, 각 사업부만을 위한 부분 최적화가 이루어집니다. 통합을 위한 시도에는 사업부의 조직적 저항과 반발이 커집니다. 4단계에는 '조정Coordination'의 변혁이 나타납니다. 분화된 사업부를 통합하고 조정하기 위해 공식적인 시스템과 절차를 도입합니다. 2단계에서는 리더 개인의 지시라면 4단계에서는 공식화된 지시라 할 수 있습니다. 공식화를 강화하는 방향으로의 진화는 부작용으로 불필요한 형식과 절차를 우후죽순처럼 만듭니다. 이를 '레드 테이프Red Tape 위기'라 합니다. 레드 테이프 위기는 17세기 영국 관청에서 공문서를 붉은색 끈으로 묶었던 것에서 유래한 말로, 신속한 업무 처리를 위해 만든 절차나 규정이 오히려 비효율을 증가시키는 것을 뜻하는 상징으로 쓰입니다. 형식주의의 위기에 빠진 조직은 다섯 번째 단계의 변혁을 감행합니다. 개인 상호 간의 '협력Collaboration'을 중시하는 단계입니다. 5단계에서는 시스템에 의해 경영되는 것이 아니라 개인의 자발성과 자기 규율, 사회적 통제를 중심으로 조직이 변화합니다. 눈에 보이지 않는 힘이 작용하는 단계라 하여 '문화에 의한 경영' 단계로 불리기도 합니다. 5단계에 왔다고 문제가 사라지는 것이 아닙니다. 지나치게 내부의 힘에만 의존하거나 외부와의 협력만 추구하면 발생하는 정체성의 위기나, 자발성에 기인한 조직 운영에 따른 조직적 번아웃Burn-out 현상이 나타납니다.

그라이너의 조직 성장 모형만 설명드렸지만 조직 역동성의 원인을 내부에서 찾는 관점은 단계의 숫자나 명칭만 다를 뿐 대부분 비슷합니다. 조직 내부적 관점에서 역동성을 이야기하는 이론들을 향한 비판도 많습니다. 현실에서는 단계를 뛰어넘거나 순서가 뒤죽박죽되는 사례가 있는가 하면, 실리콘밸리의 스타트업들처럼 어떤 기업은 거대 기업으로 성장했음에도 초창기 창업 단계에서처럼 창의성에 의해 운영되기도 합니다. 또한 코스트코, 이케아, 토요타처럼 규율과 공식적 절차를 중시하는 조직도 있지만, 개인의 창의성과 자율성이 침해받지 않고 보호되는 기업도 있습니다. 우리가 관심 있는 것은 바로 이런 기업들입니다.

"누구나 나이를 먹지만 누구나 어른이 되는 것은 아니다"라는 말이 있습니다. 나이를 먹는 것과 어른으로서 존경을 받고 선한 영향력을 행사하는 것이 다르다는 뜻입니다. 나이가 들면서 자신을 가꾸고 품격을 갖추기 위한 노력을 하지 않으면 그냥 나이 많은 철부지에 불과합니다. 조직 역동성도 마찬가지입니다. 조직은 환경 변화에 따라 당연히 변할 수밖에 없습니다. 또한 조직이 나이가 들고 규모가 커지면서 성장통을 경험하고 엔트로피가 쌓일 수밖에 없습니다. 중요한 것은 바로 이 점을 받아들이는 것입니다. '우리 회사는 완벽한 문화를 가지고 있다', '새로운 구성원은 문화를 있는 그대로 받아들이기만 하면 된다'는 생각에서 벗어나 '그때는 맞았지만 지금은 틀릴 수 있어. 원래 조직이란 동태적인 것이니까'라고 생각하는 것이 좋은 기업문화를 만드는 첫걸음입니다.

변화와 변질

변질變質이란 어떤 것이 본래의 의도에서 벗어나 전혀 다른 형태와 기능을 가진 것으로 전환되는 현상을 가리킵니다. '변화'와의 차이점을 보자면, 변화는 본질을 그대로 유지한 채 비본질적인 것이 바뀐 것을 뜻하고 변질은 본질 자체가 바뀐 것을 의미합니다. 자기의 존재 이유와 목적을 잃어버린 것입니다. 기업문화의 역할은 조직이 사회에 긍정적인 영향을 미치는 지속가능한 성과를 낼 수 있도록 하거나 조직에 속한 직원들이 의미를 갖고 행복을 느끼며 일할 수 있도록 돕는 것이라 할 수 있습니다. 이런 본질적 역할을 수행하지 못한다면 결국 변질된 것이라 할 수 있습니다. '기업문화가 문제다', '기업문화가 변질되었다'는 말은 '사회에 긍정적 영향을 미치지 못한다', '지속가능한 성과를 만들지 못한다', '구성원이 의미와 행복을 잃고 있다'는 말과 같은 뜻입니다. 몰입도가 떨어지고, 창의적이지 않으며, 수동적이고 현실 안주에 빠져 있다는 눈에 보이는 증상보다 왜 문화가 본질적 기능을 하지 못하는지에 대해 더 많은 고민이 필요합니다.

관료화의 탄생과 변질

문화가 변질되는 첫 번째 이유는 관료화입니다. 관료화 또는 관료주의는 관료제가 변질된 결과입니다. 관료제가 본격적으로 논의된 것은 막스 베버에 의해서입니다. 베버는 『경제와 사회』에서 신성하고 비범한 지배자가 타고나는 카리스마나 예로부터 내려온 역사적 관습이나 가문 등에 의해 세습되는 전통적 체계에서 벗어나 명문화된 규칙과 공식적 지위, 합리적 능력에 의해 조직이 운영되어야 한다고 주장합니다. 그리고 법적·합리적 규칙에 의해 작동하는 조직을 근대 관료제로 정의합니다. 베버는 법에 의한 조직 운영, 명확한 책임과 권한의 범위, 공식적 지위와 전문성 인정, 문서에 기반한 업무 추진, 공사의 엄밀한 구분, 능력에 따른 채용과 승진 등을 특징으로 한 관료 조직은 그 어떤 형태의 조직보다도 효율성 측면에서 우월하다고 생각했습니다. 실제로 베버는 자신의 저서에서 "관료제는 인간이 만든 조직을 운영하는 가장 합리적인 수단이며, 효율적일 뿐만 아니라 조직의 정확성, 안정성, 신뢰성이 우월한 만큼 행정조직뿐만 아니라 다른 형태의 조직에도 적용이 가능하다"라고 말했습니다. 관료제는 이성이 발달한 인간이 그토록 풀고자 했던 조직 운영의 비합리성을 깨트립니다. 전문성보다 혈연이나 지연, 학연 등에 의해 업무가 결정되고, 원칙에 따라 공정하고 평등하게 업무를 지시하는 것이 아니라 그때그때 관리자 마음대로 결정되는 비합리성 등을 타파함으로써 조직의 생산성을 높이고, 구성원을 동기부여하는 방법으로 사용된 것입니다.

베버는 오히려 관료제의 극단적 우월성을 걱정하며, 관료제가 필요 없는 조직들까지도 관료제를 차용함으로써 관료제적 합리성이 사회 전반에 확산되는 현상을 '관료화Bureaucratization'로 규정합니다. 영혼 없이 기계적으로 업무를 수행하고, 조직을 구성하는 직원들이 전체를 구성하는 부품이자 도구로 전락하는 상황을 '끔찍하다'고 표현했습니다. 사람을 고려하지 않은 채 계산 가능한 규칙에 따라 행동하면 되기 때문에 상사의 상세한 지시를 받을 필요도 없고, 인사고과 또한 고객이나 상사에 대한 봉사나 헌신 따위로 좌우될 일도 없습니다. 왜 이런 조직을 만들었는가에 대한 생각은 사라진 채 내가 담당하고 있는 조직과 일만 보는 현상이 나타납니다. 조직과 제도의 효율성이 아무리 뛰어나도 결국은 수단이지 그 자체가 목적이 될 수 없으며, 그렇게 되게 내버려둬서도 안 된다는 베버의 신념은 잊히고 만 것입니다.

로버트 머튼 교수는 관료제로 인한 조직의 변화를 '의도치 않은 결과Unintended Consequence'라고 표현합니다. 특히 그가 주목한 것은 경직성 그리고 목적과 수단의 전도 현상입니다. 규칙 지상주의에 빠진 사람들은 스스로 규칙을 만들었다는 사실을 잊은 채 "규칙이 없어서, 선례가 없어서 할 수 없습니다"라는 프레임에 빠져, 자신들의 경직성을 원칙주의로 포장합니다. 좋은 질의 상품과 서비스 제공으로 소비자들의 행복 증진에 기여하기 위해 차용된 도구인 관료제가 오히려 본질적 목적보다 우선해서 지켜야 할 대상이 된 것입니다. 조직 이론의 거장인 필립 셀즈닉Philip Selznick 또한 관료제의 변질 중 가장 나쁜 것으로 목적과 수단의 전도 현상을 말합니다. "원래 조직이란 말을 잘 듣지 않는 도구였지만, 관료화는 조직을 영원히 실패하게 만들었다"라고 일갈합니다. 산업 현장에서도 관료제의 변질에 대한 경계가 지속됩니다. 1981년 GE 역사상 최연소 CEO에 오른 잭 웰치Jack Welch는 "GE는 격식 없고, 빠르며, 벽이 없는 조직이 되기 위해 관료주의를 철저히 배격할 것이다"라고 말하며, 자신의 CEO 재임 기간을 '관료주의와 싸우는 시간'으로 표현하기도 했습니다. 마이크로소프트 CEO인 사티아 나델라도 "마이크로소프트 내부적으로 관료주의가 혁신을 대체했고, 사내 정치가 팀워크를 대신했다"라고 말하며, 마이크로소프트가 병든 원인이 관료화라고 규정했습니다. 기업문화 혁신을 위해 노력하고 있는 국내 기업 대부분 역시 100여 년 전에 주도적인 조직 형태로 자리 잡은 관료제와 아직까지 싸움을 계속하고 있습니다.

자연적인 상황에서는 엔트로피가 증가하는 방향으로만 이동한다는 열역학 제2법칙처럼 조직이 커지면서 관료화는 자연스럽게 진행될 수밖에 없다고 주장하는 사람도 많습니다. 대표적인 학자가 미국 컬럼비아대학교의 모턴 프리드Morton H. Fried 교수입니다. 그는 부족 연구를 통해 관료화와 위계화는 인간이 만든 공동체의 성장 과정에서 볼 수 있는 통과의례라고 지적합니다. 수렵 생활을 하던 인간은 명령과 통제가 아닌 자율과 협력에 기반한 삶을 살았습니다. 하지만 농경 사회로 발전하면서 인간은 일사불란함과 위계가 높은 생산성과 안정성을 보장한다는 사실을 경험으로 알게 되고, 산업화 시대를 거치면서 관료적 형태의 조직의 효율성을 확신하게 되었습니다. 따라서 인간이 만든 모든 공동체는 생성 초기에는 평등 사회의 모습을 띠지만 조직이 나이 들고 성장하면서 서열 사회, 계급 사회로 발전합니다. 그리고 가장 완성된 형태의 관료 구조인 국가 사회에서는 이러한 내용을 지속적으로 학습시킴으로써 관료제를 당연한 것으로 받아들이게 한다는 것입니다.

관료제의 명암

내가 속한 조직이 관료화에 빠졌는지, 빠지지 않았는지 어떻게 알 수 있을까요? 게리 하멜은 관료화에 빠진 조직의 증상을 '권한이 현장과 가장 멀리에 있는 상층부에 집중되어 있어 고객과 동떨어진 의사결정을 하고, 조직의 구조와 규칙이 직원들의 자율적 재량권을 제한하는 수단으로 활용되며, 열정과 성취감보다 권한을 쟁취하기 위한 승진 경쟁을 부추기고, 주도적으로 일하기보다 수동적으로 주어진 일이나 잘하기를 바라는 조직'이라 규정합니다. 만약 이 중 한 가지라도 비슷한 증상이 있다면 이미 관료화의 문제에 빠진 것입니다. 계층이 몇 개인지, 규정의 적용 범위가 얼마나 넓은지와 같은 하드웨어적인 것이 아니라 실제 의사결정 과정이나 문제 해결 방식, 고객에게 가치를 전달하는 과정을 담은 소프트웨어적 요소를 통해 관료화 여부를 판단해야 합니다.

그렇다면 직원들은 관료제 혹은 관료화에 대해 어떻게 생각할까요? 최근 수직적 위계에 기반한 관료화를 타파하려는 움직임이 증가함에 따라 애자일 조직에 대한 관심이 높습니다. 실제로 애자일 방법론을 조직에 적용하는 사례 또한 늘고 있습니다. 저희가 속한 조직도 파일러팅을 포함해 애자일 조직을 운영하고 있습니다. 애자일 조직에 대한 파일럿을 진행하면서 변화 주도자

Change Agent 육성을 위한 연수를 진행했습니다. 방법론보다는 어떤 철학이 담겨 있는지에 대한 내용을 주로 다뤘습니다. 조직이란 무엇인지 그리고 생성된 조직은 어떤 문제에 빠지게 되는지 마지막으로 우리는 애자일에서 어떤 철학을 취하고자 하는지에 대해 학습하고 토론하는 연수였습니다. 조직에 대한 이야기를 다루기에 '관료제와 관료화'에 대한 내용을 당연히 다룰 수밖에 없었습니다. 베버의 관료제에 대한 글을 읽고 토론하는 모듈에 들어가기 전, 관료제에 대한 이미지 조사를 진행했습니다. 베버가 말한 관료화에 대한 걱정처럼 90% 이상이 관료제에 부정적이었습니다. 관료제의 연관어로 무관심, 이기주의, 명령과 복종, 복지부동 등을 제시하며, 현시점에서 가장 맞지 않는 조직 형태라는 답변이 많았습니다. 하지만 관료제를 통해 풀고자 했던 문제와 원래 지향했던 조직의 모습 등을 학습한 후, 관료제에 대한 부정적 이미지는 50%대로 감소했습니다. 창의성과 개방성, 기업가 정신이 중요한 현시점에는 적합하지 않다는 의견이 여전히 많았지만, 오히려 젊은 세대일수록 원칙에 의한 조직 운영, 역할과 전문성에 대한 인정, 엄밀한 공사 구분 등이 훨씬 공정한 조직 운영 방식이라고 생각한다는 답변이 많았습니다. 지금은 보상 수준, 민원 처리가 주는 업무 난이도 등으로 인해 선호도가 줄어들고 있지만, 공기업과 공공 조직에 취업하기를 선호하는 이유나 '일한 만큼 받는 것이 아니라 받은 만큼 일하겠다'는 최근 신세대들의 생각을 읽을 수 있었습니다.

기업문화의 기본 전제를 망치는 관료화

『이제부터 일하는 방식이 달라집니다』의 저자 강승훈은 관료화에 빠진 조직에는 가짜 일이 판을 친다고 말합니다. '보여주기, 시간 끌기, 낭비하기, 다리 걸기, 끌고 가기' 같은 것에 집중하며, 조직의 존재 이유인 '고객'과 관계없는 일, 직원들의 주도성과 생각을 필요로 하지 않는 일에만 매달립니다. 가짜 일에 빠진 조직은 업무가 바쁘고 힘들다는 1차원적인 문제를 넘어 조직에 대한 신뢰가 사라집니다. 기업문화의 가장 깊은 곳에 존재하는 일의 목적, 사람에 대한 신념 등이 흔들립니다. 조직이 고객 가치를 제고하기 위해 어떤 일도 불사하겠다는 혁명적인 사명감을 갖고 시작됐더라도, 조직원이 조직의 안위나 위계의 안정성을 위한 일만 한다고 느끼거나 자신들이 조직의 생존을 위한 도구에 지나지 않는다고 느끼는 순간 기업문화의 근간이 흔들리는 것입니다.

연세대학교의 신동엽 교수는 한 기사에서 100여 년 전 탄생한 근대적 관료제가 4차 산업혁명기에 던진 질문에 대해 이야기했습니다. 내용의 핵심은 100여 년 전 탄생한 관료제가 해소하고자 했던 '비합리적 요소'가 무엇인지 보라는 것이었습니다. 그리고 더욱 중요한 것은 현재 기업들이 추진하고 있는 기업문화 혁신이 눈앞에 놓인 비합리적 요소를 제거하기 위한 활동인지 아니면 유행을 따라가기 위한 것인지 냉철하게 반성해야 한다는 점이었습니다. 애덤 스미스의 『국부론』 이전에 『도덕감정론』이 기초가 된 것처럼 베버의 '관료제' 이전에 『프로테스탄트 윤리와 자본주의 정신』이 있었습니다. 베버는 관료제가 일이 주는 소명Calling과 사명감을 잃게 되면 도저히 벗어날 수 없는 '강철 우리Iron Cage'가 된다고 말했습니다. 우리가 관료화를 막기 위해 필요한 것은 조직 구조의 변화, 일하는 방식의 변화 등이 아니라 일의 의미와 목적에 대한 성실함을 찾는 것입니다.

조직을 움직이는 에너지, 권위

인간의 뇌가 생존을 위해 효율성을 높이는 방향으로 진화한 것처럼 조직 또한 몸집을 키워가면서 조직 내 에너지를 가장 효율적으로 사용하는 방향으로 진화해나갔고, 그 결과 오늘날의 관료제가 탄생했습니다. 물론 현재는 기존의 것을 더욱 잘하는 '효율성'보다 새로운 것을 찾아 도전하는 '창의성'이 조직의 생존에 더 큰 영향을 미치기에 관료제는 타파해야 할 대상으로 지목받고 있습니다. 그리고 애자일, 홀라크라시 등 조직 차원에서 새로운 시도가 많이 나타나고 있습니다. 최근 주목받고 있는 조직 이론 전문가인 프레데릭 라루Frederic Laloux는 인간의 의식이 진화하면서 조직 운영 원리도 진화하고 있다는 점에 주목하며, 미래 조직의 형태는 신뢰를 기반으로 한 자율형 조직이 될 것이라고 예측합니다. 조직을 움직이는 에너지가 과거처럼 두려움이나 통제가 아니라 신뢰의 확장과 그 결과 나타나는 책임감이 되어야 한다는 의미입니다.

베버는 조직이 형성되어 유지·발전하는 과정에서 필요한 에너지를 '권위Authority'라고 표현합니다. 누군가는 필연적으로 '힘Power'을 갖고 행사해야 하며, 구성원의 저항에도 의지를 관철해야 하기 때문입니다. 의지를 관철한다는 것을 쉽게 풀어 쓰면 '해야 할 것과 하지 말아야 할 것을 결정해준다'입니다. 따라서 한 조직이 가지고 있는 의무와 금기의 총합인 기업문화도 누가 어떤 권위를 발휘하느냐에 많은 영향을 받을 수밖에 없습니다.

베버는 힘과 권위를 구분해, 사회적으로 정당성을 인정받은 힘만을 권위라 규정합니다. 누군가 명령했을 때 그것을 받아들이는 사람이 있어야 그것이 명령으로서 존재할 수 있기 때문입니다. 베버는 권위 또한 힘에 대한 정당성이 어디에 기인하는가에 따라 전통적 권위, 카리스마적 권위, 합리적 권위로 구분합니다. 전통적 권위는 말 그대로 전통이나 관습, 세습을 통해 정당성을 인정받은 권위입니다. 그래서 이를 '과거의 권위'라고 부릅니다. 카리스마적 권위는 개인적인 매력이나 강인함, 성공적인 업적의 정당성을 인정받은 경우입니다. 카리스마적 권위는 실제 힘이 아니라 인식된 힘이나 스토리에 기반해 만들어지는 권위, 즉 '현재의 권위'입니다. 마지막으로 합리적 권위는 합법적으로 만들어진 규칙을 통해 정당성을 얻은 힘입니다. 이렇게 만들어진 규칙은 향후 권위를 승계하는 데 있어 중요한 기준으로 활용되기에 '미래의 권위'라 부릅니다.

베버는 이 세 가지를 구분했지만 현실 세계에서는 이들이 혼합된 방식으로 정당성을 인정받는 경우가 많습니다. 예를 들어, 기업 오너의 자녀가 CEO가 되면, 이때는 전통적 권위에 의존할 수밖에 없습니다. 하지만 전통적 권위만으로는 조직을 완벽히 관리할 수 없기에 특정 사업에서 성공 신화를 만들기 위해 노력합니다. 그렇게 만들어진 스토리는 조직의 프로세스에 녹아들면서 정당성을 더욱 공고히 하는 형태를 갖춰갑니다. 즉 한 조직을 이끌기 위한 리더십의 본질은 '권위'를 만들어가는 과정이라 할 수 있습니다.

권위의 변질, 권위주의

조직 운영의 에너지이자 리더십의 본질이라 할 수 있는 권위는 최근 들어 부정적인 의미로 많이 쓰이고 있습니다. 구글 트렌드를 통해 최근 10년간 '권위'에 대한 검색량을 분석해보면, 2015년 이후부터 부정적 의미에서 권위를 검색하는 양이 압도적으로 많은 것으로 나타납니다. 데이터 분석에 활용한 단어는 '권위 있는Authoritative'과 '권위적인Authoritarian'입니다. 두 단어의 의미 차이는 일상생활에서 사용하는 말에 넣어보면 쉽게 알 수 있습니다. "저분은 권위 있는 뇌과학자이다"와 "저분은 권위적인 뇌과학자이다"를 비교해보면 어떠신가요? 뉘앙스 차이만 보더라도 그 뜻을 쉽게 파악할 수 있을 것입니다.

그렇다면 왜 누군가는 권위 있는 존재가 되고, 다른 누군가는 권위적인 존재가 되는 것일까요? 이를 이해하기 위해서는 권위적인 존재가 어떤 특징을 가지고 있는지 알아봐야 합니다. 에리히 프롬은 『자유로부터의 도피』에서 권위적인 사람의 특징을 이렇게 정의합니다. "인간을 상하 계층 관계로 설정하여 우열을 구분하고, '나를 따르라'고 외치지만 자신은 실천하지 않으며, 다른 사람의 견해에 관용적인 태도를 보이지 않는 사람이다. 따라서 권위 있는 사람은 누군가의 행동을 유도하지만 권위적인 사람은 저항만을 만든다."

베버는 권위의 기반은 '정당성'에 있고, 정당성이란 사회적·관계적 개념인 만큼 정당성 확보를 위한 노력을 게을리해서는 안 된다는 점을 밝혔습니다. 베버의 생각은 바너드에 의해 더욱 정교해집니다. 바너드는 '조직 내에서의 권위란 오직 구성원에게 수용될 때만 유효하다'는 '권한수용설'을 주장합니다. 내용은 매우 단순합니다. 누군가의 권위는 그 사람이 가지고 있는 것에 의해 결정되는 게 아니라 주변 사람들의 수용에 의해 결정된다는 내용입니다. 팀장의 위치에 있거나 자신만의 넓은 방이 있거나 직원들을 평가할 수 있는 평가권이 있다고 해서 권위를 갖췄다고 말할 수 있는 게 아니라, 직원들이 팀장의 의견에 귀 기울이고 평가 관련 피드백을 수용할 때만 권위가 있다고 말할 수 있다는 것입니다. 그런데 직원들의 인정과 수용 여부에 상관없이 내가 가진 것을 기준으로 힘을 사용한다면 사람들은 '권위주의에 빠졌다' 또는 '권위적이다'라고 말합니다. 『전문가와 강적들』의 저자인 톰 니컬스Tom Nichols는 현재 과거의 권위가 해체되고 새로운 권위가 만들어지는 과도기적 상황임을 지적하며, 권위 또한 매우 역동적으로 바뀌고 있다고 주장합니다. 그는 "인터넷의 발달로 인해 과거 일반인들이 접근하기 어려웠던 분야의 정보까지도 공개되고, 타 분야와 다른 나라의 사례들이 공유되면서 과거의 경험이나 10년 전에 딴 학위, 근거 없는 자신감에 기반한 권위는 설 자리를 잃고 있다"라는 점을 강조하며 지금 시대가 요구하는 새로운 권위를 갖출 것을 피력합니다.

2021년 내부적으로 '권위 있는 존재란 누구인가?'라는 설문을 진행한 적이 있습니다. 조직 내에서 누구를 인정하고 받아들이는지, 그들의 특징은 무엇인지 알아보기 위해 진행한 설문이었습니다. 설문 결과 권위 있는 존재가 갖추어야 할 것으로 전문성, 책임감, 용기 이 세 가지가 압도적인 지지를 받았습니다. 직원들이 말하는 전문성은 과거 자신의 경험에 기반해 문제를 해결하는 게 아니라 지금 직원들의 관점에서 대안을 제시해주는 것이었습니다. 특이한 점은 전문성이 있다는 것을 모든 것을 결정해준다는 의미로 생각하는 게 아니라, 자신이 모르는 분야는 모른다고 솔직하게 이야기하고 그 일을 잘하는 사람에게 맡기는 것을 전문성으로 여겼다는 것입니다. 두 번째로 책임감은 편한 방법이 아닌 옳은 방법을 고수하는 자세였습니다. 특히 젊은 세대일수록 책임의 개념을 기회와 동일시했습니다. 정해진 방식이나 시키는 대로만 하라는 자세는 직원에게서 기회를 빼앗는 것일 뿐만 아니라 책임지기 싫다는 점을 은연중에 표현하는 것이라 생각하는 경향이 있었습니다. 이런 모습을 보는 순간 존경이 사라진다는 직원이 많았습니다. 마지막으로 용기는 무엇인가를 없애주는 행동을 뜻합니다. 진짜 권위 있는 사람은 무언가를 새롭게 만드는 사람이라기보다 과감히 없애는 사람이라는 답변이 주를 이루었습니다.

이 세 가지는 저희가 속한 조직의 결과이기에 타 조직에 그대로 적용되지 않을 수 있습니다. 하지만 중요한 것은 한번 만들어진 권위가 그대로 유지될 수 없다는 점이며, 따라서 시대에 맞게 권위의 근거도 바뀌고 있다는 점을 인식해야 합니다. 진짜 권위는 과거의 권위를 스스로 해체할 수 있는 용기를 보여줄 때 만들어집니다.

권위주의를 증폭시키는 사람들

권위가 사회적이고 관계적인 개념인 것처럼 권위주의도 특정인 단독의 잘못으로 만들어지는 경우는 드뭅니다. 물론 개인의 성향상 권위적인 사람이 있을 수 있지만 주요 연구 결과를 보면 특정인의 권위주의적 행태에는 권위주의를 조장하고 견디는 추종자들이 존재합니다. 특정인의 권위주의적 행태를 견디는 사람들은 조직의 존재 이유와 목적이 아니라 특정인의 목적과 자신을 일체화합니다. 이를 '공모Collusion'라고 부릅니다. 서로 남 탓을 하지만 결국 각자 조금씩 이득을 보면서 권위주의적 문화를 만드는 것입니다.

2017년 한 취업 포털 사이트가 직장인들의 70%는 '넵병'에 걸려 있다는 보고서를 발표했습니다. 메신저나 SNS에 기반한 소통이 일반화되면서 상사의 지시에 '넵'으로 답변하는 사람들이 늘었다는 것입니다. '네'는 너무 무미건조하고, '넹'은 너무 가볍고, '넵'이 가장 결의에 차 보이고 절도 있다는 생각으로, 자신은 다른 생각을 가지고 있음에도 무조건 '넵'이라고 답장을 보내는 현상을 말합니다. 저희가 주목한 것은 수치보다 이 현상에 대한 리더와 직원 간 상반된 인터뷰 내용이었습니다. 리더들은 "편하게 의견을 듣고 싶어서 보냈는데, 별 이야기 없이 '넵'이라고 답해서 수평적으로 소통이 잘된다고 생각했다"라고 답했습니다. 하지만 직원들은 "상사가 카톡으로 지시했는데 동의하든 안 하든 '넵'이라고 충성 맹세를 하는 거죠"라고 말했습니다. 물론 이렇게 대답할 수밖에 없도록 만든 리더의 책임이 가장 큽니다. 하지만 이런 회피적인 형태의 대응이 리더의 권위주의와 결합될 경우 문화는 더욱 경직되고 무기력증에 빠집니다. 공모 현상은 기업문화를 빠르게 악화시킵니다. 그리고 그 누구도 주도적으로 문화를 바꾸겠다고 나서지 못하게 하는 심리적 장벽을 만듭니다. 어찌 보면 자신도 권위주의가 만든 틀 속에서 편한 삶을 살았을 가능성이 높기 때문입니다.

권위주의에 빠진 조직이 쉽게 하는 착각이 있습니다. 무섭게 혹은 엄하게 하면 조직의 기강이 살아나고, 조직원이 말을 잘 듣고, 빠르게 움직일 것이라는 착각입니다. 엄밀히 말하면 권위주의는 '하는 척'하게 만들 뿐이지 진심으로 '하게' 만드는 것이 아닙니다. 강력한 회피 동기만 자극하기 때문입니다. 문화가 전달되는 것은 스토리를 통해서이지만, 스토리를 눈앞의 현실로 보이게 하는 것은 행동입니다. 행동이 사라지면 문화도 결국 사라집니다.

권위주의가 만드는 가장 큰 비극

리더십의 대가인 존 맥스웰John C. Maxwell은 "자신이 리더라고 생각하는데 따라오는 사람이 없다면 그것은 산책일 뿐이다"라고 말했습니다. 여기서 '따라오는 사람'이란 몸만 같이 가는 사람을 뜻하지 않습니다. 몸과 마음이 함께 따라가는 사람을 뜻합니다. 권력을 행사하면 몸은 따라갈 수 있습니다. 하지만 아래에서부터 부여된 권위에 의지하면 구성원의 온 마음을 이끌 수 있습니다. 앞서 권위는 아래에서 만들어지는 것임을 수차례 강조했습니다. 따라서 아랫사람들이 올바른 권위를 갖춰야 윗사람들도 권위를 갖출 수 있습니다.

계급이나 직위를 떠나 가장 올바른 권위를 가지고 있었던 사람은 누구일까요? 천 년이라는 시간 동안 세계의 패권국으로 존재한 로마, 그중에서도 역사에 이름을 남긴 오현제나 집정관들이 아닌 로마의 시민들이지 않았나 생각합니다. 체력으로는 켈트족이나 게르만족보다 못하고, 기술력은 에투리아인보다 못하며, 경제력은 카르타고에 미치지 못했던 로마가 대제국을 형성한 이야기는 여러 기업의 벤치마킹 대상이 됐습니다.

로마의 성공과 번영에 관한 다양한 이야기가 있지만 저희가 주목한 것은 '시민'입니다. 평소에는 농토를 가꾸며 일하다가 전쟁 시에는 본인의 무기를 가지고 전쟁터에 나가 싸웠으며, 선거를 통해 리더에 선발되더라도 자신의 권위를 세우기보다 시민들과 같은 옷을 입고 같은 음식을 먹으며 봉사하는 삶에서 자긍심을 느꼈던 로마 시민들의 모습을 벤치마킹하고자 노력했습니다. 시민이란 '스스로 생각하는 사람'을 뜻합니다. 스스로 생각하는 사람만이 시대의 변화를 읽고, 리더가 올바로 설 수 있도록 조언할 수 있습니다. 그리고 이러한 단련 과정을 겪은 사람이 리더의 위치에 오를 때, 겸손한 마음으로 권위주의를 경계할 수 있습니다. 또한 스스로 생각하는 시민이 있어야 좋은 기업문화의 핵심적 요소인 자기 진단과 자기 처방을 내릴 수 있습니다. 그런데 권위주의는 스스로 생각하는 '시민'을 생각하지 않는 '우민愚民'으로 만듭니다. 권위주의가 기업문화에 미치는 가장 나쁜 영향이 바로 이것입니다. 관료화가 기업문화와 조직의 머릿속에 쌓이는 엔트로피라면, 권위주의는 구성원의 가슴속에 쌓이는 엔트로피입니다. 마음속에 쌓이기에 그 실체를 파악하기 어렵고, 대안을 찾기도 쉽지 않습니다.

기업문화의 촉매제, 사람

『우리 집에 화학자가 산다』의 저자인 한양대학교 김민경 교수는 우리가 중·고등학교 때 외웠던 원소주기율표 속의 원소들을 어떻게, 어떤 속도로 결합하는지에 따라 삶을 풍요롭게 만드는 약이 될 수도 있고, 인류를 파멸로 이끄는 무기가 될 수도 있는 만큼 화학을 제대로 알고 제대로 활용하는 것이 중요함을 강조합니다. 특히 화학 발전의 역사에서 촉매제가 숨은 공신이라고 말합니다. 한 조사에 따르면 우리가 사용하고 있는 화학제품의 90%가 촉매로 만들어지는 것으로 알려져 있습니다. 촉매를 뜻하는 '카탈리스트Catalyst'는 매듭 등을 푼다는 뜻을 가진 그리스어에서 왔다고 전해집니다. 촉매의 사전적 정의는 자신은 변하지 않으면서 다른 물질의 화학반응을 매개해 반응속도를 빠르게 하거나 늦추는 작용을 하는 것입니다. 화학 분야에서 주로 사용되었던 단어지만, 사회과학 분야에서도 어떤 일을 유도하거나 변화시키는 일이나 사람을 뜻할 때 비유적으로 자주 사용합니다. 기업문화에서도 카탈리스트가 자주 사용됩니다. 유니레버나 P&G와 같은 글로벌 기업들은 조직 내 카탈리스트 어워드Catalyst Awards 프로그램을 통해 기업문화 혁신에 기여한 직원들을 인정해주고 있습니다.

앞서 관료화와 권위주의를 분리해서 살펴보았지만 사실 이 둘은 연결되어 있다고 보는 편이 좋습니다. 특히 각자가 가지고 있는 부작용은 긴밀히 공모하고 있습니다. 누군가 고객을 위해 위계를 넘고 정해진 역할을 초월하고자 하면, 관료제는 권위주의적 행위를 통해 이를 제압합니다. 조직 구성원의 인식 수준이 올라갈수록 현 체제를 지탱하고 있는 규정에 의문을 제기할 가능성이 높기에 권위주의에 의지해 구성원의 성장과 성숙을 억압합니다. 또한 권위주의에 대한 반감을 줄이고자 권한을 최대한 상부에 집중시키고, 상부의 권한 행사를 규정 속에 집어넣음으로써 권위는 관료제 뒤에 숨어들어갑니다. 그래서 관료화와 권위주의의 문제에 대해 시스템으로는 불가능하고 오직 마음에만 의지해야 한다고 말하는지도 모릅니다. 마음에 의지한다는 것은 그 조직을 구성하는 사람들에게 의지할 수밖에 없음을 뜻합니다. 조직 운영상 필수불가결한 조직과 권위가 장점을 유지하되 단점을 최소화할 수 있도록 경계하고, 만약 단점이 장점을 빠르게 잠식해간다면 결단을 통해 억제할 수 있는 사람은 그 조직의 구성원뿐입니다.

평균의 아이러니

한 조직이 태어나 성장하고 성숙하는 과정에서 자연스럽게 엔트로피가 쌓입니다. 이를 해소하기 위해서는 조직 내부에 쌓인 엔트로피를 외부로 빼내거나 새로운 성장곡선으로 올라타기 위한 변혁을 감행해야 합니다. 현재 시점에서 과거에 어떤 활동을 했던 이야기를 듣게 되면 당연한 일을 했다고 쉽게 이야기할 수 있지만, 그 순간에 존재한 사람들에게는 큰 결단이 필요했을 것입니다. 그들이 쌓아 올린 성공 공식을 해체해야 했을 것이기 때문입니다. 무엇인가를 해체한 후 새로운 것에 도전해야겠다는 결심을 할 때, 우리가 주로 사용하는 기준이 '평균Average'입니다. 누군가는 성향상 '혁신가Innovator'나 '조기 수용자Early Adopter'가 될 수도 있지만 이 둘의 숫자를 합치면 20%가 안 됩니다. 대부분은 다수의 의견을 따라갑니다. 이와 같은 현상을 평균화 또는 평균주의라고 합니다. 평균은 말 그대로 중간값에 불과한데, 이를 이상적 모습이자 기준으로 생각하는 현상을 가리킵니다. 평균에 익숙해서 평균과 비교하지 말아야 할 것까지 비교하는 현상이 나타납니다.

평균주의는 19세기 벨기에의 통계학자이자 과학자였던 아돌프 케틀레Adolphe Quetelet에서 기원합니다. 근대 통계학의 아버지로 불리는 케틀레는 『인간과 인간 능력 개발에 대한 논의 *A Treatise on Man and the Development of His Faculties*』라는 책에서 '평균적 인간'이라는 개념을 만듭니다. 사람의 키, 몸무게 등을 포함해 출생률, 사망률, 직업, 범죄율 등의 데이터를 수집해 특정한 인구 집단의 평균적 특징을 발표한 것입니다. 이때부터 케틀레의 비교분석 방법이 인기를 끌면서, 여러 분야에서 평균과 평균 대비 자신의 위치를 파악해보는 행위가 유행하기 시작합니다. 하버드대학교 교육대학원 교수인 토드 로즈L. Todd Rose는 『평균의 종말』이라는 책에서 이 시점부터 평균이 사람을 억압하게 되었다고 밝힙니다. 사회는 평균 연령, 평균 연봉 등처럼 의미 없는 개념을 기준 삼아 스스로를 평가해 자신의 위치를 파악하도록 교육합니다. 그리고 평균에 속했을 때 왠지 모를 안도감을 부여하고, 평균 이하이면 뒤처진 사람인 것처럼 좌절을 느끼게 하여 사회가 평균 속으로 진입하도록 만듭니다. 로즈는 평균의 개념이 너무나 공고해서 쉽사리 바뀌지 못할 것이라고 말합니다.

기업 조직 또한 이런 오류에 쉽게 빠집니다. 예를 들어, 일반적인 채용 과정에서 한 가지 일을 잘하는 사람이라면 다른 일도 잘할 것이라고 전제합니다. 스펙을 보는 것, 정해진 시험을 보는 것 모두 평균보다 우수한지 아닌지를 확인하는 과정이자 공부를 잘했으니 일도 잘하리라는 믿음 때문이라 할 수 있습니다. 문화도 마찬가지입니다. 기업문화를 담당하는 팀의 주요한 업무 중 하나가 문화를 진단하고 이에 대한 피드백을 주는 것입니다. 보통 이들의 보고서를 보면 회사 평균은 얼마인데 평균 대비 우수한 영역과 미흡한 영역을 구분해 피드백을 진행합니다. 하는 일, 주로 만나는 고객, 팀을 구성하고 있는 개개인의 특징은 무시한 채 평균에 기대 피드백을 합니다. 이렇게 되면 각 팀이 가져야 할 독특성이 사라지고 균질화됩니다. 진단하는 모든 영역에서 평균 이상에 위치하기 위한 이상한 활동을 하게 되고, 이런 활동이 오히려 문화를 망치게 됩니다. 우리가 기준으로 삼았던 평균으로 인해 문화가 더욱 약해지는 것입니다.

성장을 멈추게 하는 평균화

문화적으로 성장한다는 말에는 두 가지 의미가 내포되어 있습니다. 해당 기업이 추구하는 가치에 동의하는 사람이 늘어나고 있다는 뜻과 또 하나는 가치를 추구하는 방식이 다양해졌다는 의미입니다. 그런데 우리가 추진하는 대부분의 기업문화 활동은 전자에 국한됩니다. 일사불란해 보이고 조직의 규율이 잡혀 있는 듯 보이기 때문입니다. 하지만 이것은 오히려 성장이 멈춘 것이라고 봐야 합니다.

기업이나 사람이 평균에 의지해 자신의 존재 가치를 발견할 뿐 자신의 개성과 자유를 누리지 못하는 현상을 '자유로부터의 도피'라고 합니다. 에리히 프롬은 "자유를 얻는 것보다 지키는 것이 어렵다. 그러나 가장 어려운 것은 자유를 누리는 것이다"라는 말을 남겼습니다. 인간은 자유에 내재된 책임을 감당하기 힘들 때, 스스로에게 부여된 자유를 너무나 쉽게 포기하고 기존의 권위나 관성에 의지함으로써 안정감을 추구하게 된다는 것입니다. 미국의 사회학자인 데이비드 리스먼David Riesman은 이러한 현상을 '고독한 군중'이라고 표현합니다. 고독한 군중은 타인의 기대와 취향에 민감하며 개인의 특성을 동시대인의 평균이 결정하는 것이라고 받아들입니다. 자기가 타인과 같다는 사실에서 기쁨을 느끼는 존재가 되는 것입니다.

평균화에 빠진 조직에서 나타나는 대표적인 현상이 '앎Knowing'과 '함Doing'의 분리입니다. 자신이 다른 생각을 가지고 있더라도 겉으로 보이는 행동은 대다수가 하는 모습을 따라 하는 것입니다. 앎과 함이 분리된다는 것은 한 사람 한 사람이 약해진다는 것을 뜻하며, 개인들 간의 협력 시스템인 조직 또한 약화된다는 것을 의미합니다. 약화된 개인이 무서운 점은 자신을 단단하게 만들기 위한 노력보다 혁신가나 조기 수용자와 같은 사람들을 억압하여 이들을 평균화하기 위한 시도를 한다는 것입니다. 이런 시도들로 인해 문화는 역동성을 잃어가게 됩니다. 문화의 성장이 멈추는 것입니다.

이런 현상을 막기 위해 로즈 교수는 들쭉날쭉의 원칙, 맥락의 원칙, 경로의 원칙을 제시합니다. 이는 관료화와 권위주의 그리고 평균주의의 유혹에 빠지기 쉬운 조직에 많은 시사점을 줍니다. 들쭉날쭉의 원칙은 어떤 사람이나 현상은 절대 일차원적이지 않으며 매우 입체적이라고 바라봐야 한다는 것입니다. 맥락의 원칙은 선부른 유형 나누기나 카테고리 나누기를 하지 말라는 것입니다. 마지막으로 경로의 원칙은 성공하는 방법이 단 하나만 존재하지 않는다는 점을 받아들이라는 것입니다. 이 세 가지 또한 분리되어 있지 않고 하나로 연결되어 있습니다. 기업문화가 좋다, 나쁘다라는 일차원적 접근에서 벗어나 문화에 영향을 주는 다양한 요소들이 무엇인지 파악해 어떤 장점과 단점이 연결되어 있는지 파악한 후, 세부 조직별로 처한 환경과 맥락에 맞는 맞춤형 활동을 추진하고, 방법보다는 원칙을 중심으로 다양한 시도를 할 수 있도록 지원해야만 올바른 문화 혁신이 나타날 수 있습니다.

문화적 부채 이해하기

'기술적 부채Technical Debt'라는 말이 있습니다. 디지털 ICT 개발 분야에서 사용하는 용어로 현시점에서 더 좋은 접근 방식을 사용하는 대신 더 쉬운 솔루션을 채택함으로써 나타나는 추가적인 비용을 뜻합니다. 쉽게 설명하면 지금 당장 저렴하고 사용하기 편한 방법을 사용했지만 나중에는 결국 비용을 치르고서라도 수정해야 한다는 의미입니다. 그래서 '부채'라고 표현합니다. 프로그램이 고도화되며 코딩이 복잡해지면서 나중에는 수정하기 위해 지금보다 훨씬 더 큰 부담을 져야 한다는 뜻도 담고 있습니다. 100 정도의 힘이 들어갈 것을 80 정도만 사용하고 나중에 개선하려고 했는데, 막상 미래 시점에서 해결하려고 하니 이자가 붙어서 150 정도의 노력을 쏟아야 하는 상황이 발생하는 것입니다. 2018년 스트라이프Stripe의 개발자 지수 리포트Developer Coefficient Report에 따르면, 소프트웨어 개발자들이 일주일에 13시간 이상을 기술적 부채를 처리하는 데 사용하고 있는 것으로 나타났습니다. 주5일제를 기준으로 생각한다면 하루 반나절 정도를 새로운 투자가 아닌 빚을 갚는 데만 사용한다는 뜻입니다.

기업문화도 마찬가지입니다. 문화적 혁신을 추진함에 있어 위기감 조성, 변화에 대한 공감대 형성 등을 마치고 막상 실행 단계에 접어들었을 때, 문화적 부채는 "이번 딱 한 번만", "지금 상황이 어려우니 나중에"라는 말에 숨어 기업문화에 들어옵니다. 대원칙에 찬성하지만 지금 당장 모면해야 할 상황이 있고, 이 순간은 파일럿이라 생각하고 나중에 직원들이 더 쉽게 공감할 수 있는 방안을 도입하자고 말합니다. 이 말이 조직 내에서 자주 들린다면, 기업문화의 부채가 점점 늘어나고 있다고 생각하면 됩니다. '문화적 부채Cultural Debt'가 무서운 것은 빚을 진 사람이 따로 있고, 빚을 갚아야 하는 사람도 따로 있다는 점입니다. 어찌 보면 지금 한국 기업들이 겪고 있는 기업문화 차원의 문제들은 이미 10년도 전부터 이야기되어왔던 사안들이 대부분입니다. 창의적 기업문화로 바꿔야 한다는 이야기는 IMF 이후부터 본격적으로 시작되었고, 위계적인 조직 구조를 해체하고 수평적 문화를 조성해 디지털 전환을 준비해야 한다는 이야기는 아이폰이 한국에 출시된 2009년부터 나왔던 이야기입니다. 그런데 왜 지금 우리는 아직도 산업화 시대의 문화에서 허우적대고 있는 것일까요? 이것이 바로 문화적 부채입니다.

문화적 부채는 아예 없거나 최소화해야 합니다. 문화는 '그럼에도 불구하고'라는 말로 인해 만들어집니다. "힘들지만 그럼에도 불구하고 해야 한다", "직원들의 관심이 부족하지만 그럼에도 불구하고 지금 이야기해야 한다". 이런 노력으로 문화가 만들어집니다. 그렇다면 문화적 부채는 어떻게 갚아나가야 하는 것일까요? 그것은 바로 '왜냐하면'입니다. 왜 그런 변화를 추진하는지, 기업문화 혁신의 목적이 무엇인지 설명하고, 이해를 구하며, 직원들의 공감을 이끌어내는 것입니다. 좋은 기업문화를 가지고 있다는 것은 강한 문화 네트워크를 확보하고 있는 것이라고 말씀드렸습니다. 문화 네트워크를 통해 "왜냐하면"을 이야기해줘야 합니다. 단, 일방적으로 이야기해서는 안 되며, 구성원이 무엇을 불편해하는지도 들어야 합니다. 서로 대화하는 과정을 통해 문화의 빚은 조금씩 줄어들게 됩니다.

Part 2

품격 있는 문화를 위한 프락시스

Part. 2-1

문화적 역동성 유지하기

프락시스로 접근하기

'삶은 고통이다'라는 명제를 남긴 독일의 철학자 쇼펜하우어는 현실적인 삶의 모습을 철저하게 파헤침으로써 허술한 낭만에서 벗어나 현실을 직시해야 함을 강조합니다. 그리고 현실적 삶의 모습을 고슴도치의 딜레마를 통해 설명합니다. 추운 겨울 찬 바람이 불자 고슴도치들은 체온을 유지하고자 한데 모입니다. 처음에는 따뜻해짐을 느끼지만 서로의 가시에 찔려 피를 흘리는 고슴도치가 늘어납니다. 모여든 고슴도치는 아파서 흩어집니다. 그런데 흩어지니 너무나 추워 견딜 수가 없습니다. 그래서 가까이 가지만 가시에 찔려 다시 멀어집니다. 이를 계속 반복하다보니 절반은 가시에 찔려 죽고, 절반은 추위에 얼어 죽습니다. 이 우화가 결국 어찌 됐건 죽을 수밖에 없다는 염세주의적 이야기라고 생각할 수 있습니다. 하지만 쇼펜하우어는 외부에서 따뜻함을 구하고자 하면 상대방으로부터 상처를 받을 수도 있음을 각오해야 한다는 점을 강조한 것입니다. 이성적으로는 서로의 온기를 느낄 수 있는 적절한 거리를 유지하면 될 것이라고 쉽게 이야기할 수 있지만, 현실은 추위와 가시에 찔림을 반복하는 과정을 통해서만 적절한 거리를 찾을 수 있다는 것입니다. 기업문화도 이성적 사유로만 만들어지지 않습니다. 현실에서는 고슴도치가 적절한 거리를 찾는 방식으로 만들어지는 경우가 훨씬 많습니다. 앞서 기업문화에 쌓이는 엔트로피 중 하나로 '앎과 함의 분리'를 이야기했습니다. 이 둘이 분리되면 문화는 액자 속에서만 존재하게 됩니다. 그리고 기업들은 액자 속에 들어가 있는 허상이 진짜 문화라고 착각하게 됩니다. 그래서 중요한 것이 실천입니다.

아리스토텔레스는 인간의 삶을 관조하는 삶, 제작하는 삶, 실천하는 삶, 이렇게 세 가지로 구분합니다. 먼저 '테오리아Theoria'라 불리는 관조하는 삶은 수학, 물리학과 같이 순수한 실재를 탐구하여 이치를 발견하는 삶입니다. 아무런 편견 없이 '바라봄'을 의미합니다. 제작하는 삶을 뜻하는 '포이에시스Poiesis'는 기술이나 공학처럼 발견된 이론이나 이치를 바탕으로 무언가를 만들어내는 삶을 뜻합니다. '만듦'과 '창조'라는 행위를 대표합니다. 마지막으로 실천하는 삶을 의미하는 '프락시스Praxis'는 인간을 위해 좋은 것이 무엇이고 나쁜 것은 무엇인지 숙고해 현실에서 실천하는 것을 의미합니다. '연습'과 '함'이라는 단어로 함축할 수 있습니다. 실제로 아리스토텔레스는 이론과 원리에 해당하는 테오리아를 너무 엄격하게 추구하여 본 것을 한 것으로 착각하는 삶을 경계했습니다. 이론이 이론으로서 힘을 갖기 위해서는 반드시 프락시스와 연결되어 있어야 한다고 생각했습니다.

정치철학자인 해나 아렌트Hannah Arendt는 서구 사회가 왜 문화적으로 진보와 퇴보를 반복하는지에 대한 연구를 통해 문화는 사회가 지나치게 '묵상하는 삶'에 매몰될 때 쇠퇴하고, '행동하는 삶', 즉 프락시스가 활성화될 때 번성한다는 결론을 내립니다. 행동과 실천이 미덕이었던 르네상스나 산업혁명 시기에는 외부 세계와 활발히 교류하고 자유롭게 새로운 것을 시도하며 인간의 자유와 이성이 발달한 반면, 현실과 동떨어진 논쟁과 이상주의는 중세 암흑기를 만들었다고 본 것입니다.

아리스토텔레스가 말한 프락시스나 아렌트가 언급한 행동하는 삶을 지금의 표현으로 바꾸면 '딥 스마트Deep Smart'입니다. 딥 스마트는 책에서 배운 '북 스마트Book Smart'와 경험을 통해 배운 '스트리트 스마트Street Smart'가 결합되었을 때 만들어지는 것입니다. 기업문화는 '딥 스마트'의 영역입니다. 문화와 관련된 멋진 진단 보고서가 좋은 문화를 만들지 않습니다. 또한 자신이 알고 있는 방식만 밀어붙여 문화를 만들고자 한다면 구성원의 저항만 불러일으킵니다. 문화를 만든다는 것은 고통스럽겠지만 학습과 실천을 결합시켜야만 가능한 일입니다. 고슴도치가 서로의 거리를 맞춰가듯 피를 흘리면서도, 추위에 떨면서도 이런저런 시도를 할 때 문화가 작동하기 시작합니다. 새로운 변화와 시대정신을 읽고, 현장에서 실험하며, 실험한 결과를 토대로 사례들을 만들어가는 활동이 지속적으로 일어나는 것이 문화적 역동성입니다.

트렌드, 변치 않는 것을 발견하는 일

에리히 프롬은 인간이 동물과 구별되는 속성 중 하나가 미래를 예측하고, 이를 상징이나 은유의 형태로 나타낼 수 있는 능력이라고 했습니다. 사자만큼 강력한 이빨도, 늑대처럼 예민한 감각도, 독수리처럼 빠르게 하늘을 나는 능력도 없었던 호모사피엔스가 스스로를 보호하기 위해서는 앞으로 다가올 위기를 예측해서 대비하는 수밖에 없었을 것입니다. 이런저런 사소한 변화 속에서 상대적으로 미래를 잘 예측해 위기를 모면했던 개체들의 후예가 지금의 우리가 아닐까 생각됩니다. 인류의 이런 특징 때문일까요? 매년 가을이 되면 다음 해의 트렌드를 이야기하는 책들이 쏟아집니다. 지난해를 분석하며 다가올 해에는 어떤 특징이 있을지 예측하는 것입니다. 개인뿐만 아니라 기업들도 전략 방향과 사업 계획을 수립하는 데 이런 트렌드를 참고합니다. 어떤 분야에 자원을 집중할 것인지, 새로운 시장은 어떻게 형성되고 있는지를 파악해 미리 대응하려고 노력합니다. 그런데 의문이 생기지 않나요? 내년의 트렌드, 5년 후의 트렌드 등을 담은 책들을 보면 내용이 대부분 비슷합니다. 그리고 예측한 트렌드의 정확성도 나쁘지 않습니다. 하지만 어떤 기업은 트렌드와 결합해 승승장구하는 반면, 어떤 기업은 다 알려져 있는 트렌드임에도 이를 읽지 못하고 도태됩니다. 조직이 아닌 개인 단위에서도 마찬가지입니다. 페이스북 최고운영책임자COO를 지낸 셰릴 샌드버그Sheryl Sandberg처럼 '로켓에 올라탈 자리가 주어졌을 때는 무조건 올라타라'를 실천한 사람은 미래와 함께 성장하는 반면, 누군가는 트렌드 변화의 희생양이 됩니다.

왜 이런 일들이 벌어질까요? 기업문화 관점에서 보자면 이 또한 원인과 결과를 헷갈렸기 때문이라고 생각합니다. 겉으로 드러나는 증상이나 결과를 트렌드라고 생각하고 그것만 좇은 것입니다. 트렌드의 사회과학적 정의를 보면 '한 사회의 어느 시점에서 특정 생각, 표현 방식, 제품 등이 그 사회에 침투 또는 확산해 가는 과정이나 상태, 경향'을 뜻합니다. 특정 시점에서 무엇인가

확산되는 현상을 보여주는 것이라고 이미 밝히고 있습니다. 왜 그것이 확산되는지, 인간의 어떤 본능이 숨겨져 있는지 유추해 보는 것은 읽는 사람의 몫인 것입니다. 아마존의 창업자 베이조스는 본인이 트렌드를 통해 읽는 것은 세상이 어떻게 변할 것인지가 아니라 10년 후에도 변치 않을 것이 무엇인지라고 말했습니다. 실제로 트렌드에 올라타 성공한 기업이나 사람들은 현상이 아니라 그것에 내재되어 있는 변치 않는 본질을 읽은 경우가 대부분입니다. 기업문화도 마찬가지입니다. 최근 가장 각광받고 있는 주제가 'ESG', '디지털', 'MZ세대'가 아닐까 싶습니다. 조직의 지속가능한 성장을 위해 공유해야 할 철학, 디지털이 바꾸고 있는 새로운 경쟁 환경에 대한 적응, 흔히 '요즘것들'이라고 불리는 사람들과 함께 일하는 방식에 대한 고민을 해결하기 위한 방법들이 여기저기 널려 있습니다. 하지만 성공적으로 기업문화를 바꿨다는 사례는 많지 않습니다. 이것 역시 트렌드만 좇아갈 뿐 본질을 놓쳤기 때문입니다.

역동성의 핵심, 성장

인류 역사를 바꾼 가장 위대한 과학자가 누구라고 생각하시나요? 기준에 따라 순서가 조금 바뀔 수 있지만 TOP3에 항상 드는 과학자들이 있습니다. 만유인력의법칙을 발견한 뉴턴, 상대성이론의 아인슈타인, 진화론을 주장한 다윈입니다. 그렇다면 범위를 넓혀 모든 분야를 통틀어 인류 역사상 가장 큰 영향을 미친 사람은 누구일까요? 2017년 시사 주간지인 타임지와 구글의 딥러닝 엔지니어들이 위키피디아에 나와 있는 내용과 검색 횟수 등을 분석해 총 100명을 선정했습니다. 물론 영어 자료를 중심으로 분석했기에 동양의 위인들은 많이 빠져 있다는 한계가 있습니다. 그래도 순위를 살펴보면, 예수와 무함마드 등 종교 관련 인물과 링컨, 히틀러 등 정치인들이 상위권을 차지한 가운데 과학자로서 유일하게 15위 안에 들어가 있는 사람이 있습니다. 바로 12위를 차지한 찰스 다윈입니다. '엄청난 업적을 남긴 과학자들이 많은데 왜 다윈이?'라고 생각하실 수 있습니다. 다윈이 모든 과학자를 제치고 영향력 측면에서 과학자 중 1위에 오른 이유는 그의 진화론적 관점이 생물학뿐만 아니라 사회과학 분야에서도 널리 받아들여져 인간의 지식 발달에 크게 기여했기 때문입니다. 응용되는 분야가 많다보니 검색량이나 정보량에서 다른 과학 이론들을 압도한 것입니다. 만약 조직을 볼 때 조직의 탄생과 사멸, 조직의 변화 등에 관심이 많다면, 본질적으로 다윈의 진화론적 관점에 뿌리를 두고 있다고 생각해도 틀리지 않습니다.

그렇다면 인류에게 엄청난 영향을 준 진화론의 핵심은 무엇일까요? 모든 종은 시간이 지나면서 변한다, 지구상 모든 생물은 단일한 조상에서 나왔다, 진화는 다양성이 증가하는 것을 의미한다, 진화는 점진적으로 이루어진다, 마지막으로 자연에는 변이Variation가 나타나며 자연의 선택을 받은 변이만 살아남는다는 다섯 가지 생각입니다. 여기서 주목할 점은 진화란 다양성이 증가하는 것이며, 변이는 자연선택의 과정에서 살아남기 위한 필수적 과정이라는 것입니다.

앞서 유기체로서의 특징을 가지고 있는 조직은 내부적으로 항상 두 가지 움직임이 존재한다고 말씀드렸습니다. 하나는 기존 생애 곡선 안에서 움직이는 개선적 움직임이고 다른 하나는 새로운 생애 곡선으로 올라타는 변혁적 움직임입니다. 다른 말로 표현하면 전자는 성숙의 과정이고 후자는 성장의 과정이라 할 수 있습니다. 성숙은 생명체가 육체적·정신적으로 발육이 완전히 이루어진 상태로, 원래 가지고 있는 습관이나 행동을 더욱 정교화하는 과정입니다. 성숙은 변이와는 상극입니다. '나잇값을 못 한다'라는 말을 언제 사용하나요? 그 나이 때 보여주어야 할 비슷비슷한 모습을 보이지 못할 때 사용합니다. '다름'이 아닌 같은 모습을 보이라는 사회적 압력을 행사하는 말입니다. 그런데 성장은 현 상태보다 더 커지거나 강해지는 것으로, 변화를 통해 새롭게 거듭나는 것을 뜻합니다. 새롭게 거듭나는 과정이 곧 변이입니다. 변이가 존재해야 진정한 의미의 문화적 역동성이 발현됩니다. 그런데 애석하게도 현실에서 성숙과 성장을 구분하기는 어렵습니다. 그 이유는 성장하기 위해서 성숙의 과정을 필요로 하기 때문입니다. 무엇인가를 학습하는 과정에서 질문이 생기고, 질문이 생겨야 새로운 답을 상상해보기 때문입니다. 따라서 "이것은 성숙이고, 저것은 성장이야"라고 구분해서 접근할 게 아니라 성장할 수 있는 역량과 환경을 만들어주는 것이 필요합니다. 즉 변이를 만들고, 변이들이 선택받을 수 있는 기회를 주는 것입니다.

변이를 만드는 D.N.A

진화생물학에서는 변이가 그냥 우연히 나타난다고 말합니다. 인간이 인식하기조차 어려운 긴 시간 동안 작은 오류가 발생할 가능성은 당연히 존재하기 때문입니다. 따라서 왜 변이가 나타나는지에 대해 논쟁하지 않습니다. 경제학에서 인간이 합리적이라고 가정하듯이 진화생물학에서는 변이를 자연스러운 현상으로 생각합니다. 하지만 이를 조직 차원으로 끌고 들어오면 달라집니다. 자연적으로 형성되는 조직도 있지만 기업처럼 특별한 목적을 갖고 만들어지는 조직도 있습니다. 특별한 목적을 지닌 조직은 선발이라는 과정을 거쳐 조직원을 채웁니다. 비슷비슷한 사람들이 모일 가능성이 높아질 수밖에 없는 구조입니다. 유사한 사람들의 밀도가 높고, 우리가 일반적으로 말하는 사회보다 훨씬 작은 규모일 가능성이 높습니다. 따라서 조금이라도 다른 성향을 가진 사람들이 훨씬 도드라져 보입니다. 같은 20%라도 100명 속의 20명보다 10명 중 2명이 느끼는 부담감이 훨씬 큽니다. 이런 상황에서는 '다름'을 지닌 소수의 사람들이 빠르게 다수로 편입됩니다. 팀에 활력을 불어넣고, 건강한 긴장감을 조성하며, 조직이 보유하지 못한 전문성을 이식하고자 외부에서 인재를 영입하는데도 그 성공 비율이 높지 않은 이유가 바로 이런 조직 심리 효과 때문입니다. 그럼에도 의도적으로 조직에 다양성을 주입해야 합니다. 주입되는 새로운 에너지가 없으면 조직은 너무나 빠르게 균질화되기 때문입니다. 또한 다양한 사람들이 있다고 해서 바로 성장하는 것은 아닙니다. 다양한 충돌이 일어나야 합니다. 의도적인 연결을 통해 이리 섞이고 저리 섞이면서 다양한 조합들을 만들어보고, 새로운 생각들이 부딪쳐야 합니다. 그리고 연결로 인한 혼란과 부딪침으로 인한 갈등을 견디고, 스스로 동기부여할 수 있는 힘이 필요합니다. 그것이 바로 자율성입니다. 조직을 성장하게 만드는 변이는 이 세 가지 과정이 유기적으로 맞물려 돌아갈 때 가능합니다. 'D.N.A' 즉, 다양성Diversity, 연결성Network, 자율성Autonomy을 축으로 역동성을 관리하는 것입니다.

역동성의 재료가 되는 다양성

심리학 및 신경과학 분야의 연구로 세계에서 가장 많이 인용되는 과학자 중 상위 1%에 속하는 노스이스턴대학교의 리사 배럿 Lisa F. Barrett 석좌교수는 뇌를 '생각하기 위한 기관이 아니라 가치 있는 움직임을 효율적으로 할 수 있도록 에너지를 분배하는 기관'이라고 설명합니다. 어떤 것이 생존에 유리한지 파악해 에너지를 가장 효율적으로 사용하도록 프로그래밍된 장치라는 뜻입니다. 따라서 뇌에 있어 가장 합리적인 선택은 앞으로 당면할 환경 변화에 대응하기 위해 에너지를 비축하는 행위입니다. 그래서 평소에는 에너지가 많이 소모되는 변화보다는 안정과 편안함을 선택합니다. 하지만 주변에 있는 다른 사람들의 뇌를 관찰하는 것을 게을리하지 않습니다. 환경은 변할 수밖에 없다는 사실을 너무나 잘 알고 있기에 자신이 사용하는 에너지 분배 방식보다 유리한 방식이 있는지 확인하고자 타인의 말과 행동을 계속 주목합니다. 상황 변화에 따라 어떤 선택을 할지 대안을 여러 개 마련해놓는 것입니다. 따라서 뇌는 불편하지만 자기와 다른 성향의 존재를 인정합니다. 다양성을 인정하는 것입니다. 이렇게 다양성을 받아들이는 행위를 우리는 '공감'이라 부릅니다. 공감은 단순히 착한 존재나 존경받는 사람이 되기 위한 행동이 아닙니다. 오랜 진화 과정 속에서 프로그래밍된 생존 전략입니다.

기업이 다양성에 주목해야 하는 이유도 비슷합니다. 어떤 기업들은 다양성에 대한 투자를 사회 공헌이나 사치 정도로 생각하기도 합니다. 하지만 다양성은 기업의 생존과 관련된 이슈입니다. 앞서 기업이 성숙하는 과정에서 평균화라는 엔트로피가 쌓인다고 말씀드렸습니다. 비슷비슷한 사람들을 뽑고, 기존부터 잘해왔던 특정 비즈니스 모델이나 경제 생태계에 의존합니다. 만약 환경이 점진적이고 연속적으로 변한다면 기업은 충분히 대응할 수 있을 것입니다. 하지만 지금처럼 급변하는 환경에서는 대응할 시간도 없이 순식간에 사라질 수 있습니다. 따라서 의도적으로 조직 내에 다양성을 주입해야 합니다. '공통점은 편안함을 주지만, 차이점은 성장하게 한다'는 말이 있습니다. 성장의 역동성을 만들기 위해서라도 다양성은 핵심적으로 관리해야 하는 요소입니다.

조직에서 관리해야 하는 다양성에는 외적 다양성과 내적 다양성이 있습니다. 외적 다양성이란 인종, 성별, 연령 등 겉으로 보이는 다양성을 뜻하며, 내적 다양성이란 가치관, 철학, 선호도, 관심사 등 겉으로 드러나지 않는 다양성을 뜻합니다. 조직이 다양성을 갖췄다는 것은 이 둘 모두가 갖추어진 상태라는 의미입니다. 그런데 둘 중에서 더 중요한 것을 꼽자면 내적 다양성입니다. 겉으로 보이는 모습이 달라도 역량과 선호, 철학이 비슷하다면 결국 우리는 똑같은 사람들과 있는 것과 다름없습니다.

리더십 전문 컨설팅회사인 버닝 글라스The Burning Glass Institute는 유색인 채용을 과감히 늘리고 있음에도 유색인이 관리직으로 올라가는 비율은 잘 오르지 않는다는 사실에 주목하여 미국 내 기업들을 대상으로 다양성 프로그램의 효과성에 대해 조사했습니다. 그런데 놀랍게도 다양성 프로그램을 이수한 후 오히려 조직 내 다양성이 약화되는 현상을 발견합니다. 다양한 선호와 역량, 리더십 스타일을 가지고 있던 사람들이 다양성 프로그램 이수 후에 30대 백인 남성의 가치관과 유사해지는 현상이 나타난 것입니다. 이는 다양성의 문제를 채용에만 국한해서 생각해서는 안 된다는 점을 보여줍니다. 물론 다양한 인재가 조직 내에 진입하는 것이 중요합니다. 하지만 채용만큼 중요한 것은 다양한 성공의 모습을 회사 차원에서 보여주는 것입니다. 의미 있는 수준의 조직 다양성을 유지하며 고성과를 만들어낸 기업들은 채용만큼이나 다양한 인재 양성을 위한 내부 에스컬레이터 시스템 구축에 힘씁니다. 즉 조직 내부에서 다양한 성공 모델을 제시하고, 직원들이 각자의 특성에 맞게 커리어를 만들어갈 수 있는 체계가 구축될 때 외적·내적으로 균형 잡힌 이상적인 다양성이 만들어질 수 있습니다.

다양성에 생명을 불어넣는 연결성

파이낸셜 타임즈지는 20세기 가장 유명한 미래학자로 앨빈 토플러를 선정했습니다. 문화 절대주의적 관점에서 지나치게 서구 우월주의의 사상이라는 비판을 받는 것도 사실이지만, 『제3의 물결』을 통해 인류 사회가 농경, 산업화, 후기 산업화로 변화하는 과정을 통찰력 있게 보여줬다는 점과 『부의 미래』 등을 통해 미래 사회는 조직력 중심에서 창의성 중심으로 재편될 것이며, 창의성 있는 기업만이 산업을 주도할 수 있을 것이라는 점을 정확히 예측했다는 게 선정 이유였습니다. 앨빈 토플러는 한국과의 인연도 깊습니다. 1997년 IMF 외환위기로 고통받고 있을 때, 21세기 대한민국은 어떻게 변해야 하는지에 대한 프로젝트를 진행해 2001년 「위기를 넘어서: 21세기 한국의 비전10 beyond the crisis: Korea in the 21st century」이라는 보고서를 발표합니다. 여기서 토플러는 미래 인재는 집단적으로 만들어지는 것이 아니라 개별적으로 양성된다는 점을 강조합니다. 굴뚝 경제체제에서나 가능했던 집단적이고 획일적인 인재 육성 방식에서 벗어나 유연하고 수평적인 조직 안에서 다양한 가치관이 공존할 수 있도록 하여 지식과 창의에 기반한 사회로 전환해야 한다고 제안합니다. 그리고 이것이 2002년 12월 국가 브랜드로 지정된 '다이내믹 코리아Dynamic Korea'로 구체화되지 않았을까 추측해봅니다. 어찌 보면 지금 많은 기업이 고민하고 있는 내용을 이미 20여 년 전에 제안했다고 볼 수 있습니다.

5년 전이나 10년 전이나 늘 하던 대로 하고, 상품이나 서비스도 그대로인 조직을 역동적이라 할 리 만무합니다. 역동적 조직은 새로움과 놀라움이 있는 조직, 창의적 생각과 행동이 끊임없이 만들어지고 전파되는 조직입니다. 결국 역동적 조직이란 창의적 조직과 동의어가 됩니다. 그렇다면 창의는 어떻게 만들어지는 것일까요? 애플 제품의 디자인회사로 유명한 프로그 디자인Frog Design의 전 부사장인 로버트 패브리칸트Robert Fabricant는 "창의는 내 안에 있는 것이 아니라 우리 사이에 존재한다"라고 말합니다. 창의는 무엇인가를 연결하려는 노력에서 만들어지는 것이며, 늘 만나던 사람들이 아닌 다른 지식과 경험을 갖고 있는 사람들 속에서 나타난다고 본 것입니다. 애플 창업자인 스티브 잡스는 "창의는 그저 연결하는 것이다Creativity is just conneting things" 라고 정의합니다. 서로 관련 없어 보이는 점Dot들을 연결하다보면 새로운 것이 나타날 수 있음을 강조한 것입니다. 그래서 잡스가 중요하게 생각했던 것이 경험의 범위와 숫자입니다. 능력 부족을 지식이 부족한 것이 아니라 경험을 폭넓게 연결하지 못하는 것으로 정의합니다. 다양성이 넓게 펼쳐져 있는 수많은 점이라면, 이들을 연결하는 행위가 바로 창의성을 발현하는 방식이라 할 수 있습니다.

조직이 다양성을 갖췄다는 것은 경험의 숫자가 많다는 뜻이자 구성원 개개인들이 지닌 다양한 열망과 역량이 존재함을 의미합니다. 따라서 조직은 다양한 사람과 경험을 모았다면, 이들을 연결하기 위한 노력도 해야 합니다. 여기서 말하는 연결은 개인과 개인의 연결, 개인과 조직의 연결을 모두 포함합니다. 그런데 많은 기업이 단순히 만나게 해준 것을 연결해주었다고 착각하는 경향이 있습니다. '만남'은 영어로 'Contact'이고, '연결'은 'Connect'입니다. 콘택트는 그냥 만나본 것입니다. 우리가 업무를 할 때 "접촉해보겠습니다"라고 하는 상황을 상상하면 됩니다. 하지만 커넥트는 두 개체가 본연의 성질을 유지하면서도 서로 관련이 되었다는 느낌을 갖고 있는 개념입니다. 또한 상대방을 알아가기 위한 노력이 수반되는 행위이자 한 존재의 맥락까지 접근하려는 시도입니다. 만났다고 연결되는 것은 아닙니다. 만남은 관계를 만드는 것입니다. 그 관계가 오래 지속되면서 서로 연결되어 있다고 느낄 때 우리가 원하는 창의적 현상들이 나타납니다.

다양성만큼 논란이 많은 단어는 손에 꼽힐 정도입니다. 다양성이 창의성에 긍정적인 영향을 미친다는 연구가 많은 만큼 부정적 영향을 미친다는 연구도 많습니다. 다양성이 부정적인 영향을 끼친다는 대표적인 이론이 자기 분류 이론Self-categorization Theory입니다. 조직 구성원은 주변 동료와 자기를 비교해 같은 카테고리인지 아닌지 구분하고, 자신과 다른 카테고리에 속한다고 느끼면 커뮤니케이션 양이 감소하여 창의적 행동이 줄어든다는 것입니다. 그런데 이 이론의 내용을 잘 보면 다양성 자체가 창의성에 부정적 영향을 끼쳤다기보다 그것이 연결되는 과정에서 '카테고리화Categorization'라는 잘못된 저항이 생겨 원하는 결과를 얻지 못했다는 사실을 알 수 있습니다. 그래서 조직은 다양성 관리만큼 연결성 관리에 신경을 써야 합니다.

좋은 연결성을 가지고 있다는 것은 앞서 말씀드린 공감의 수준이 높다는 뜻입니다. 다른 사람의 존재를 인정하고 받아들이는 것입니다. 하지만 나쁜 연결성을 가지고 있는 조직에서는 '반향실 효과Echo Chamber Effect'만 나타납니다. 반향실 효과란 자신의 기존 신념을 강화해주는 사람들과만 연결되어 현실에 더욱 안주하도록 만드는 효과입니다. 이는 자기가 원하는 정보만 선택적으로 모아 자신의 믿음을 확인하려는 경향을 뜻하는 '확증편향Confirmation Bias'과 비슷합니다. 이러한 현상이 조직 내에 실질적 영향을 미치는 것을 파벌주의라고 합니다. 특정 인맥, 출신 등이 서로 도우며 힘을 유지하는 현상입니다. 그런데 이렇게 비슷한 사람끼리 모이는 것은 진화적 관점에서 보면 본능이기 때문에, 이를 잘못된 것이라 규정하고 한 번에 고치려 하면 성공하기 쉽지 않습니다. 이때는 '다름'을 접했을 때 나타나는 조직의 심리적 변화를 읽고, 단계에 맞게 좋은 연결성이 나타날 수 있도록 돕는 것이 바람직합니다.

다양한 사람들이 연결될 때 나타나는 감정은 4단계로 나눌 수 있습니다. 1단계는 '거부'입니다. 처음 다름을 접했을 때에는 기본적으로 거부하고 저항합니다. 두려움이 앞서기 때문입니다. 이상한 바이러스가 몸에 들어왔을 때 백혈구가 출동하고 몸에서 열이 나는 증상과 같습니다. 2단계는 '방어적 인지'입니다. 시간이 지나면서 자신과 다른 사람이 존재할 수 있다는 사실을 인지합니다. 하지만 다른 성향의 사람들이 한 명 두 명 늘어나는 것을 보며 경계심을 늦추지 않습니다. 조금 다른 사람들이 늘어난다고 생각하지만 '구색 맞추기 위해 들어온 사람', '결국 나갈 사람'이라 생각하며 무시하는 것입니다. 이 단계를 지나야 3단계인 '적응'으로 넘어갑니다. 다른 사람과 있어도 크게 불편함이 없고, 다름이 주는 혜택과 가치를 조금씩 경험하는 시기입니다. 자신과 다른 사람이 주변에 있다는 게 그리 나쁜 것만은 아니라고 생각합니다. 마지막 4단계가 '활용'입니다. 다른 사람이 가지고 있는 능력과 네트워크가 자신에게 도움이 된다는 사실을 인정하고 적극적으로 활용합니다. 본인도 도움이 될 수 있는 분야가 있는지 알아보고 새로운 분야에 거침없이 도전함으로써 다양성이 창의성과 같은 성과로 나타납니다. 따라서 올바른 연결을 위해서는 우리 조직의 다양성 인식 단계부터 파악해야 합니다. 만약 거부와 저항이 있는 1단계라면 공식적·비공식적 만남이라는 연결 방법을 통해 관계 형성에 집중해야 합니다. 경계심이 작동하는 2단계라면 다양성이 얼마나 확대될 것인지 등에 대한 정확한 정보를 주는 활동을 추진해야 합니다.

다양성 프로그램을 운영할 때 구성원의 심리적 상태를 이해하지 못하면 문제가 발생합니다. 국내 기업의 대표적인 다양성 프로그램인 여성 인재 육성 프로그램을 예로 들어보겠습니다. 여성 인재 육성 프로그램의 가장 큰 심리적 저항은 역차별 이슈일 것입니다. '왜 여성이라고 특별한 기회를 더 줘야 하는가?'에 대한 반발과 다양성을 만났을 때의 불안감이 내포되어 있습니다. 내부 경쟁자가 늘어나는 현실과 새로 유입된 경쟁자가 자신이 가지고 있지 않은 무기를 가지고 있다는 생각에 이들을 깎아내리고 무시하려는 심리가 생기는 것입니다. 이런 상태에서 상징적으로 여성 한두 명을 임원이나 CEO로 임명한다고 했을 때, 능력 있는 사람이 CEO가 되었다고 생각할까요, 아니면 공정하지 못하다고 생각할까요? 아마 해당 프로그램에서 소외된 사람들은 후자로 여길 가능성이 높습니다. 이는 여성 인재 육성 프로그램의 목표를 한두 명의 여성 임원이나 CEO를 만드는 것으로 한정했기 때문에 발생한 현상입니다. 이 프로그램의 초기 비전을 제시하는 목적으로 여성 임원이나 CEO의 등장은 중요합니다. 하지만 이와 동시에 일반 구성원을 대상으로 다양성이 주는 이로움을 보여주고, 조직이 추구하는 다양성이 무엇인지, 다양성을 만들어내기 위해 어떤 준비를 해야 하는지를 알려주는 행위가 진행되어야 합니다. 그래야 다양성이 조직 내에서 활용되는 진정한 연결성이 만들어집니다. 다양성은 재료이고, 연결성은 요리 과정에 해당합니다. 아무리 좋은 재료가 주어진다고 해도 요리가 잘못되면 모든 것을 망칩니다.

자율성의 힘

몇 년 전, 서로 전혀 다른 특징을 가지고 있는 조직이 한 공간에서 같이 일해야 하는 상황이 생겼습니다. 그래서 이 팀들을 대상으로 서로에 대한 이해의 폭을 넓히고, 다름을 인정하며 일하는 방식과 자기들만의 그라운드룰을 만들어보는 팀 빌딩 프로그램을 진행했습니다. 한 팀은 개인의 역량에 기반해 시장지향적이며 수익성 중심으로 움직이는 조직이었고, 다른 한 팀은 팀 역량을 중시하며 고객 만족도와 리스크 관리를 핵심 성과 지표로 생각하는 조직이었습니다. 1박 2일간의 팀 빌딩 프로그램이 끝나고 약 3개월 뒤에 팀 빌딩에 참여했던 20개 팀을 대상으로 스스로 만든 그라운드룰이 얼마나 잘 지켜지고 있는지와 상대 팀에 대한 호감도와 공감도가 어느 정도 상승했는지 알아보는 조사를 진행했습니다. 같은 프로그램을 진행했음에도 어떤 팀은 호감도와 공감도가 크게 상승했지만, 사전에 설문했던 점수보다 떨어진 팀도 약 30%가 되었습니다. 그래서 점수가 올라간 그룹과 점수가 떨어진 그룹에는 어떤 차이가 있는지 심층 조사를 진행했습니다. 팀 구성원의 인구학적 특징, 직무 경력, 업무 강도 등 다양한 변수를 넣어 분석했지만 신뢰할 만한 이유가 되지 못했습니다. 계속 원인을 찾다가 두 그룹 간에 존재하는 큰 차이를 발견했습니다. 그것은 바로 팀 빌딩 프로그램에 자발적으로 참여했는지 여부였습니다. 점수가 떨어진 30%의 팀은 비자발적으로 참여한 팀이었습니다. 하기 싫지만 담당 임원 눈치가 보이고, 다른 팀도 한다는데 그것마저 안 하면 눈 밖에 날 것 같은 마음에 팀장 두 명이 모여 신청한 후 팀원들에게 통보한 것이었습니다. 그만큼 어떤 동기로 참여하는지에 따라 그 결과는 크게 차이 납니다.

역동성은 다양성과 연결성이 만들어낸 창의적 행동들을 바탕으로 합니다. 하지만 그것이 일회성으로 끝난다면 그 조직이 역동적이라 할 수 있을까요? 역동적이라는 단어는 어떤 활동이 자생적으로 계속되면서 변이가 일어나는 것을 뜻합니다. 이때 중요해지는 것이 자율성입니다. 사회심리학자인 에드워드 데시Edward L. Deci는 인간의 기본적 욕망이 자율성, 관계성Relatedness, 유능성Competence이라고 말합니다. 자율성은 자신이 행위의 주체자로서 자유의지를 갖고 행동하는 것이고, 관계성은 타인과의 연대감이나 소속을 의미하며, 유능성은 자신이 능력 있는 존재가 되기를 원하는 마음을 뜻합니다. 논쟁의 여지는 있으나 세 가지 본능 중 가장 중요한 것이 자율성입니다. 행위의 동기가 자율성에 영향을 많이 받기 때문입니다. 내가 스스로 결정했다고 생각하고 행동하는 것과 누군가 시켜서 하는 것의 결과는 하늘과 땅 차이입니다.

동기는 단순히 어떤 행위의 원인만을 뜻하지 않습니다. 그 행동의 빈도와 강도 그리고 지속성에 큰 영향을 미칩니다. 과거 산업화 시대를 지배했던 동기 이론은 하버드대학교 심리학과 교수였던 스키너Burrhus F. Skinner의 '강화 이론'입니다. 내용은 아주 쉽습니다. 어떤 행동에 긍정적 보상이 따르면 그 행동의 빈도가 높아지고, 부정적 보상이 오면 빈도가 낮아진다는 이론입니다. 흔히 당근과 채찍으로 불리는 방식입니다. 스키너의 주장은 인간을 환경조건에 반응만 하는 수동적인 존재로 봤다는 점에서 많은 비판을 받습니다. 또한 이후 진행된 실증 연구들에서 보상과 처벌에 기반한 동기부여가 장기적인 성과에 부정적 영향을 미친다는 점이 밝혀졌습니다. 특히 단순하고 반복적인 업무에 긍정적 영향을 미쳤던 보상과 처벌 방식이 새롭고 창의적인 업무에는 부정적 영향을 끼친다는 사실이 밝혀지면서 새로운 형태의 동기부여를 고민해야 한다는 목소리가 커졌습니다.

외적 동기부여의 한계는 크게 세 가지입니다. 하나는 '가로등

효과Streetlight Effect'라 불리는 현상입니다. 어두운 밤길을 걷다가 물건을 잃어버렸는데, 길거리 전체에서 물건을 찾는 것이 아니라 가로등이 켜진 곳만 찾아보는 현상입니다. 보이는 곳만 봐서는 잃어버린 물건을 찾을 수 없습니다. 다른 시도를 전혀 하지 않고 자신이 아는 범위를 벗어나려 하지 않는 것입니다. 두 번째는 '중독 효과Addiction Effect'입니다. 특정 자극이 효과를 발휘하기 위해서는 이전보다 더 강력한 자극이 필요하다는 뜻입니다. 외적 동기에 해당하는 보너스나 승진 등은 한계를 가질 수밖에 없습니다. 줄 수 있는 것이 한계에 도달했을 때 모든 동기는 한 번에 무너지게 됩니다. 마지막으로 '의도 상실 효과Cancelation Effect'입니다. 감시나 압박 없이 조직이나 동료를 위해 행했던 행위에 금전적·심리적 보상을 주게 되면, 보상이 멈췄을 때 해당 행위도 멈추는 현상입니다. 자발적으로 업무 개선 제안을 하던 사람들이 업무 개선 제안에 포상 포인트를 부여하다가 이를 멈추자 제안하지 않게 되는 현상을 말합니다.

미래학자이자 저술가인 다니엘 핑크Daniel H. Pink는 외적 동기부여의 한계를 인식하고, 미래 동기부여는 3.0 시대로 전환해야 한다고 말합니다. 생물학적 생존의 욕구에 기반한 동기를 1.0, 외부에서 주어지는 당근과 채찍에 기반한 동기를 2.0으로 정의한 핑크는 어떤 일을 수행하면서 느끼는 내적 보상에 기반한 동기를 3.0으로 표현합니다. 그가 제시한 동기 3.0의 핵심은 자율성,

전문성Mastery, 목적의식Purpose입니다. 스스로 결정하고 행동하고자 하는 인간의 자유의지는 모든 것에 우선하는 근본적 욕망인 만큼 자율성을 최대한 보장해야 하며, 자신의 역량을 발휘해 무언가 위대한 것에 기여하고 있다는 느낌을 받을 수 있도록 한다면 어떤 행동의 지속성을 만들어낼 수 있다고 본 것입니다. 지속성이 중요한 이유는 문화는 한두 번의 이벤트로 만들어지는 것이 아니기 때문입니다. 또한 문화가 만들어지는 과정이 계획한 대로 순탄하게 진행되지 않기 때문입니다.

앞서 문화는 '그럼에도 불구하고'의 실천을 요구한다고 했습니다. 희망은 전략이 아닙니다. 희망하는 것을 꾸준히 지속할 수 있는 무언가가 필요합니다. 이때 중요해지는 것이 자율성입니다. 통제의 방법을 사용하면 당장은 눈에 보이는 행동 변화가 있을 수 있습니다. 하지만 앞서 이야기한 의도 상실 효과 등이 나타나 오히려 문화를 퇴보시키는 경우가 생깁니다. 따라서 자율성을 훼손해야 할 경우가 생긴다면 충분히 숙고하고 결정해야 합니다.

샐러드 볼 문화 만들기

2016년 1월 스위스 다보스에서 진행된 세계경제포럼World Economic Forum에서 클라우스 슈바프Klaus Schwab 회장은 인류의 삶의 방식을 뿌리부터 바꿀 4차 산업혁명이 진행되고 있다고 선언했습니다. 3차 산업혁명기에 제조업의 기계화, 대량생산, 자동화의 과정을 통해 인간의 육체적 노동을 기계가 대체했다면, 4차 산업혁명기에는 인공지능, 사물 인터넷, 빅데이터 등이 융합되어 인간의 두뇌를 대체할 것이고, 이 시대가 빠르게 다가오고 있다고 본 것입니다. 4차 산업혁명의 개념과 실체에 대한 논쟁이 있는 것은 사실이지만 미래 사회 변화의 모습을 다시 그려야 한다는 점에는 많은 국가와 기업이 동의했습니다. 특히 같은 해 3월 알파고와 이세돌 9단의 바둑 대결이 모두의 예상을 깨고 알파고의 완승으로 끝나면서 한국 사회에 주는 충격은 더욱 컸습니다. 이런 변화의 파고 속에서 한국의 많은 기업은 미래 조직의 모습을 다시 그리는 작업을 시작했습니다. 그리고 기업문화에 대한 관심이 다시 높아진 것도 이 시기와 맞물립니다. 산업화 시대의 성공 방식인 패스트 팔로어Fast Follower 전략에서 벗어나 퍼스트 무버First Mover 전략으로 전환해야 하며, 불확실성과 모호성을 이겨낼 수 있는 힘은 기업문화라는 생각이 퍼집니다. 이때 많은 관심을 받은 조직이 실리콘밸리에 있는 스타트업과 유니콘 기업들입니다.

저희 조직에서는 기업문화의 창조적 계승·발전을 목표로 '기업문화 2.0' 프로젝트를 진행했습니다. 미래 기업문화의 지향점을 다시 설정하고, 문화를 만들고 작동시키는 구동장치들을 현

시대에 맞게 재조정하는 프로젝트였습니다. 이 과정에서 구글의 HR 담당 매니저와 인터뷰를 진행했습니다. 인터뷰 중 자연스럽게 '강한 문화'에 대한 이야기가 나왔습니다. 당시 구글 매니저는 기존의 강한 문화가 조직 몰입도와 조직 우선주의, 응집력에 기반한 문화였다면, 미래의 강한 문화는 업무 몰입도와 개인 우선주의, 포용력에 기반한 문화여야 한다는 점을 강조했습니다. 미국의 해병대가 유독 강한 것은 더 강한 규율이 있어서가 아니라 스스로 필요하다고 생각하는 일을 자율적으로 수행하기 때문이라는 예와 함께 말입니다. 미래에 적합한 강한 문화란 모든 구성원이 똘똘 뭉쳐서 정해진 규칙을 정확히 지키는 문화가 아니라, 일일이 규정으로 정할 수 없는 것들을 개인의 자발성에 의존하는 문화로 이해해야 한다는 조언은 미래 기업문화 방향성 수립에 큰 도움이 되었습니다.

이 프로젝트를 통해 저희가 내린 결론은 '닮음'이 아닌 '다름'을 지향하는 문화로 프레임을 전환해야 한다는 것이었습니다. 문화 구동장치의 작동 방식도 올바른 행동을 나열한 후 그 밖의 것을 허용하지 않는 포지티브Positive 방식에서 해서는 안 되는 행동을 명확히 나열한 후 이외의 것을 모두 허용하는 네거티브Negative 방식으로 전환했습니다. 사실 이러한 작업은 조직의 창업 정신을 되돌아보는 과정이었습니다. 성공적인 스타트업들은 문화적으로 '잡화장엄雜花莊嚴'의 모습을 보입니다. 잡화장엄이란 크고 화려한 꽃들만이 아니라 들판에 지천으로 깔린 모든 꽃이 저마다 자기만의 색깔을 내며 조화를 이루어 장관을 만들어낸다는 뜻입니다. 개인과 조직이 각자의 색깔을 유지한 채 조화를 이루는 것이 기업문화의 올바른 지향점임을 보여줍니다. 잡화장엄의 개념은 사회문화를 연구하는 분야에서는 이미 오래된 논쟁이었습니다. 모든 것을 녹여 쇳물을 만드는 '멜팅 포트Melting Pot' 문화와 각자 자신의 색깔과 향을 잃지 않은 상태에서 한데 어울려 맛을 내는 '샐러드 볼Salad Bowl' 문화의 논쟁입니다. 멜팅 포트 문화는 1908년 영국의 극작가 이스라엘 장윌Israel Zangwill의 극작품에서 기인했습니다. 주인공이 "미국은 신의 위대한 용광로입니다. 유럽의 모든 인종을 녹여 미국인으로 만드는 인종의 용광로입니다"라고 선언하는 장면에서 용광로 문화의 특징을 알 수 있습니다. 사실 여기서 말하는 용광로는 '서로 다른 배경을 가지고 있더라도 미국의 가치를 믿고 따르면 미국인으로 인정한다'는 의미였습니다. 인종이나 출신은 부차적인 것일 뿐 가치와 신념이 중요하다는 점을 강조한 것입니다. 그런데 이러한 생각은 사라진 채 '용광로'라는 단어만 살아남아 조직에 전파됐습니다. 멜팅 포트 문화를 지향하는 조직은 개인이 가지고 있는 특징이나 배경에 상관없이 조직에 들어왔으면 하나의 모습으로 녹아야 한다고 생각합니다. 미국도 그렇게 성공할 수 있었다는 이유를 들면서 말입니다. 녹지 않거나 순도를 낮추는 사람은 '불순물'이라고 불리게 됩니다. 이렇게 왜곡된 용광로 문화에는 커다란 오류가 있습니다. 바로 '1+1+1=1'이 되는 현상입니다. 철광석, 코크스, 석회석 세 가지를 더했지만 결국 나오는 것은 철 하나밖에 없는 것입니다.

이런 한계의 대안으로 나온 것이 샐러드 볼 문화입니다. 샐러드 볼 이론은 1970년대 캐나다의 퀘벡주에서 대두되었습니다. 퀘벡주는 프랑스어를 공용어로 사용하는 주입니다. 이들은 영어를 사용하는 영국계 민족들에게 많은 차별을 받았습니다. 캐나다의 통합을 저해하는 세력이라는 낙인이 찍히기도 합니다. 이에 퀘벡주가 독립까지 생각할 정도로 심한 갈등이 발생합니다. 이때 캐나다는 용광로를 넘어 새로운 문화 형태를 고민하게 됩니다. 이민자들의 자본과 역량이 결합해 만들어진 캐나다가 누군가를 억압하고 공존의 가치를 훼손하고 있다는 점에 대한 반성이 나타난 것입니다. 그래서 그들이 생각해낸 것이 '샐러드 볼'입니다. 한국식으로 표현하면 '비빔밥'입니다. 각자의 독특한 맛과 향기를 지키면서도 한데 어우러져 새로운 것을 만들어내는 방식입니다. 지금 기업에 요구되는 방식도 결국 이런 고차원적인 통합 방식입니다.

아직도 자율성을 '시키지 않아도 알아서 잘하는 것'이라고 생각하시나요? 그렇다면 용광로 문화의 관점에서 자율성을 바라보는 것입니다. 하지만 자율성을 '너답게 해주는 것이 잘하는 것'

이라고 생각한다면 샐러드 볼 문화의 관점을 가지고 있는 것입니다.

네겐트로피와 아웃사이드 인

존재하는 대부분의 것들은 엔트로피 법칙을 피할 수 없습니다. 시간이 지나면서 엔트로피가 증가하고, 엔트로피가 100%가 되는 순간 해당 존재는 사멸하게 됩니다. 그런데 엔트로피 법칙의 정의를 보면 조건이 하나 따라붙습니다. 바로 '고립된 계Closed System에 존재한다면'이라는 조건입니다. 즉 에너지의 유·출입이 없는 닫힌 시스템에 있을 때에는 엔트로피가 증가하는 방향으로만 움직이지만, 만약 해당 존재가 열린 시스템Open System에 존재한다면 엔트로피를 억제하는 현상을 의미하는 네겐트로피Negentropy를 만들어낼 수 있다는 의미입니다. '네트로피Netropy'라고도 불리는 네겐트로피는 'Negative Entropy'의 약자로 노벨물리학상을 수상한 슈뢰딩거가 소개한 개념입니다. 슈뢰딩거는 『생명이란 무엇인가』라는 책에서 생명체의 본질은 엔트로피에 맞서는 네겐트로피에 있다고 설명합니다. 즉 인간을 예로 들면 인간은 호흡, 땀, 배설과 같은 신진대사를 통해 몸에 쌓인 엔트로피를 밖으로 배출함으로써 체내에 엔트로피가 쌓이지 않도록 하고 외부로부터 음식물을 섭취하여 새로운 에너지를 받아들임으로써 체내의 엔트로피를 일정 수준 이하로 유지하는 것입니다. 사회도 마찬가지입니다. 인류 사회도 히틀러나 스탈린과 같은 엔트로피가 끊임없이 나타나지만 테레사 수녀와 같은 네겐트로피로 이를 제압합니다. 따라서 인간 또는 인간이 만든 조직은 내부에 쌓이는 엔트로피에 관심을 갖고, 계속해서 고품질의 에너지를 수급하는 열린 시스템을 구축해야 합니다.

열린 시스템에서 에너지를 수급하는 방법 중 대표적인 것이 조지 데이George S. Day 교수가 주장한 아웃사이드 인Outside - in 전략입니다. 미국 와튼스쿨의 마케팅 및 혁신 전략 담당 교수이자 미국마케팅협회 회장을 지낸 데이 교수는 관료화, 권위주의, 평균화의 문제를 이겨내며 지속적으로 성장하고 있는 기업들을 조사했습니다. 분석의 대상이 된 P&G, 월마트, 아마존, 애플 등은 업의 특성과 상관없이 공통점이 있었습니다. 일반 기업들은 내부의 강점과 역량을 바탕으로 경쟁 우위 요소를 정한 후 외부로 눈을 돌려 기회를 찾는 인사이드 아웃Inside - out 체계를 가지고 있었던 반면, 조사 대상이 된 기업들은 철저히 외부에서 시작해 내부로 들어오는 아웃사이드 인 방식의 사고 체계를 가지고 있었습니다. 기업이 잘하는 것에서 시작하는 게 아니라 최종 소비자인 고객이 원하는 것에서 시작하는 방식입니다. 이렇게 고객의 생각과 욕망을 지속적으로 기업 내부에 집어넣음으로써 자칫 잘못하면 현재의 상품과 서비스에 안주할 수 있는 분위기를 지속적으로 없앴던 것입니다. 기업의 혁신을 유지하기 위해 가장 중요한 고객을 네겐트로피로 활용한 것입니다.

조직의 역동성 측면에서도 아웃사이드 인은 중요합니다. 한정된 인사이드 아웃 방식으로는 사용자 관점에서 문화를 파악하기 어렵습니다. 인사이드 아웃 방식은 다양한 구성원의 생각을 포용하기보다 다름을 배척할 가능성이 매우 높습니다. 하지만 아웃사이드 인 방식으로 접근하면 문화의 사용자 관점에서 현재 기업문화를 객관적으로 바라볼 수 있습니다. 내부 직원들에게는 익숙하지만 새롭게 들어온 직원들의 눈에는 비합리적인 요소가 많을 수 있습니다. 내부적으로 서로 다른 시각이 충돌하고 새로운 협의를 이끌어내는 과정에서 문화는 보다 역동적으로 바뀔 수 있습니다. 또한 기존 직원들은 발견할 수 없었던 새로운 엔트로피가 발견되어 이를 외부로 배출하기 위한 노력도 시작될 수 있습니다.

저희가 속한 조직에서는 몇 년 전부터 신입 직원 연수 방식을 인사이드 아웃에서 아웃사이드 인으로 전환했습니다. 보통의 신입 직원 연수는 대표적인 재사회화 프로그램으로, 조직이 추구하는 가치와 철학을 배우고 조직에서 기대하는 모습으로 재탄생하기 위한 내용을 담고 있습니다. 이를 통해 새롭게 구성원이 된 직원들이 조직에 쉽고 빠르게 적응할 수 있도록 돕는 것입니다. 하지만 이렇게 되면 조직의 네겐트로피로서 역할을 수행해야 할 신입 직원들이 기존 구성원과 차이점이 없어져 조직의 중요한 에너지가 되지 못한다는 한계가 생깁니다. 그래서 관점을 전환한 것입니다. 조직에서 어떻게 일하고 생활해야 하는지를 알려주고 이해시키는 방식에서 벗어나 신입 직원 스스로 기존의 기업문화를 평가해보고, 어떤 것을 지키고 어떤 것을 개선할 것인지 스스로 판단해보도록 했습니다. 개선해야 할 내용으로 나온 것들은 리더급 연수를 통해 현장에서 구현하는 방법을 찾도록 연결했습니다. 또한 정해진 업무 기준과 절차를 알려주는 방식에서 벗어나 고객이 경험하는 여정에 따라 어떻게 고객을 응대하는 것이 최선의 방법인지, 불필요한 프로세스는 무엇인지 스스로 찾도록 했습니다. 고객이 궁금해하고 도움을 필요로 할 것 같은 영역을 찾아 해당 부분의 업무 기준과 절차를 사내 강사와 함께 학습하는 방식으로 바꿨습니다. 실제로 이러한 과정을 통해 찾은 개선 사항들은 기존 직원들이 찾아낸 것들보다 훨씬 현실적이고 고객 중심적이라는 평가를 받았습니다.

익숙하지만 새롭게, 새롭지만 익숙하게

최근 산업뿐만 아니라 생활, 기업 채용에 이르기까지 '비스포크

Bespoke'라는 단어가 전방위적으로 사용되고 있습니다. 비스포크란 '말한 대로'라는 뜻의 'be spoken for'에서 유래하였다고 알려져 있습니다. 말한 대로, 요청한 대로, 맞춤형으로 제공해 준다는 의미입니다. 사실 유튜브나 넷플릭스 등에서 제공하는 추천 서비스 또한 넓은 범위의 비스포크라 할 수 있습니다. 비스포크가 유행하는 이유는 개인의 취향을 존중하고 자신만의 개성을 표현하고자 하는 현 시대정신과 맞기 때문이라 할 수 있습니다. 이러한 비스포크의 유행은 조직에도 영향을 미치고 있습니다. 과거 조직에서 일방적으로 제공했던 복리 후생 프로그램들이 직원 개인별 맞춤형 EVPEmployee Value Proposition로 바뀌고 있고, 대규모 집합 연수도 개인별 성장 로드맵에 따라 맞춤형 과정으로 재편되고 있습니다.

기업문화 측면에서의 비스포크는 다양한 '하부 문화Sub-culture'의 출현입니다. 과거에 하부 문화를 부정적으로 인식하던 경향이 있었다면, 이제는 전체를 아우르는 문화적 지향점 안에서 각각의 세대와 직무에 적합한 맞춤형 하부 문화를 권장하는 방향으로 변화하고 있습니다. 강력한 스크럼을 통한 생존 공동체 문화가 '느슨한 연결Weak Ties'에 기반한 취향 공동체 문화로 변화하고 있는 것입니다. 이러한 변화를 인정하지 않으면 인재들이 조직을 떠난다는 현실적인 문제와 함께, 문화적 다양성이 향후 기업문화 혁신의 중요한 에너지가 된다고 생각하기 때문에 기업들도 수용하고 있는 추세입니다. 하지만 다양한 하부 문화의 출현은 당연히 조직 내부적 충돌과 갈등을 키울 수밖에 없습니다. 상공회의소에서 2020년 발표한 직장 내 세대 갈등에 대한 인식 조사에 따르면 직장인의 63.9%가 갈등을 느끼고 있으며, 윗세대로 올라갈수록 갈등의 체감도가 더욱 높아지는 것으로 나타났습니다. 세대별로 다른 형태로 분화한 하부 문화가 조직 내 갈등을 키우고 있음을 보여주는 사례라 할 수 있습니다. 국내 기업문화 분야의 석학 중 한 명인 서울대 박원우 교수는 문화적 차이에서 오는 인지적·감정적 문제 혹은 갈등은 조직의 역사가 길어지고 규모가 커지면서 자연스럽게 나타날 수 있는 현상이라고 말합니다. 그리고 문화적 갈등 관리 역량이야말로 기업문화 관리의 핵심적 영역으로 등장하고 있다고 이야기합니다.

충돌과 갈등은 조직을 침체시키고 심할 경우 조직을 몰락하게 만들기도 하지만, 이들을 건설적으로 관리하면 문화적 역동성을 유지하는 원천이 됩니다. 신한에서 문화적 갈등을 관리하는 전략은 '핏F.I.T'입니다. 'FIT'은 단어 자체로 '잘 맞다', '어울리다'라는 뜻을 가지고 있지만 신한 내부적으로는 미세 조정Fine Tuning, 혁신Innovation, 변혁Transformation의 앞 글자를 모아서 만든 단어로 사용하고 있습니다.

'미세 조정'은 채널을 잡기 위해 라디오 주파수를 조금씩 조절하는 것처럼 문화적 갈등을 조금씩 조율하여 합의를 이끌어내는 방법입니다. 갈등이 존재한다는 사실을 솔직하게 인정하고, 서로의 기대치를 경청하며, 무엇을 받아들일 수 있는지를 논의하는 과정입니다. 미세 조정은 다름을 인정하고 상대의 존재를 인정하는 과정이라 할 수 있습니다. 일하는 방식과 프로세스, 조직 구조나 평가 체계 등 문화에 큰 충격을 주는 혁신을 추진한 후 유용하게 활용할 수 있습니다. 법 조항 아래에 현실 상황에 맞게 유연하게 적용할 수 있도록 세칙 등이 존재하듯이 스스로 자신의 상황에 맞는 형태로 응용할 수 있도록 시간과 공간을 주는 것입니다.

'혁신'은 '선택'하는 것을 뜻합니다. 미세 조정이 둘 간의 합의를 이끌어내는 과정이라면 혁신은 둘 중 하나를 선택하는 갈등 관리 방법입니다. 미세 조정으로 합의를 도출하지 못할 때 리더 계층이 결단해야 합니다. 이때 필요한 것이 '익숙하지만 새롭게'라는 접근법입니다. 혁신의 과정에서 걸림돌은 선택받지 못한 문화적 맥락을 지지했던 사람보다 선택받은 문화를 지지하는 사람들인 경우가 많습니다. 정반합의 관점에서 합으로 가기 위한 선택이었는데, 합으로 가지 못하고 기존의 관성대로만 하려는 경향이 생기기 때문입니다. 따라서 선택받은 문화에 속했던 사람들에게 익숙한 방식이지만 새롭게 해석해 적용하는 과제를 부여해야 합니다. 왜 선택했는지, 그러한 선택을 통해 어떤 방향으로 나아갈 것인지를 명확히 공유하고 롤 모델로서의 역할을 요청하는 것입니다.

'변혁'은 완벽하게 판을 바꾸는 전략입니다. 조직 내적으로 나타나는 갈등이 아웃사이드 인 관점에서 봤을 때 전혀 의미가 없고, 완전히 다른 방식으로 문제를 풀어야 한다고 생각할 때 사용하는 방법입니다. 변혁의 방법에는 '새롭지만 익숙하게'의 콘셉트가 필요합니다. 그 누구도 경험해보지 못한 변화이기에 모두가 새로움에 적응해야 하는 상황입니다. 이때는 문화 변혁을 이끌어갈 변화 관리자가 부족한 상황인 경우가 많습니다. 따라서 조기에 변혁에 대한 거부감을 없애고, 변혁을 이끌 사람들이 나타날 수 있도록 하는 것이 중요합니다. 이런 자신감을 주기 위해서는 새로운 것들 중에서 조직 구성원에게 익숙한 점을 찾아내 보여주어야 합니다. 아주 쉬운 것, 누구나 할 수 있다고 생각할 수 있는 것들을 찾아내는 것입니다.

문화적 갈등과 충돌을 관리하는 데에는 매우 세심한 접근이 필요합니다. 훌륭한 재단사는 핏을 정확히 찾아내는 사람이라는 말이 있습니다. 원단을 자르고 바느질을 하는 것은 정확히 피팅을 한 이후의 과정입니다. 기업문화에는 태생적으로 갈등이 존재할 수밖에 없습니다. 특히 역동적으로 움직이는 조직일수록 갈등의 빈도와 강도가 높을 수 있습니다. 이러한 갈등을 생산적으로 활용하기 위해서는 상황별 맞춤형 대응 방안을 자체적으로 구축하는 것이 필요합니다. 이런 방법은 기업문화를 담당하는 팀이나 리더들만 알아서는 안 됩니다. 모든 구성원이 어떤 상황에서 어떤 전략을 사용하는지에 대해 이해하고 있어야 합니다. 조직이 현재 미세 조정을 하는지, 혁신을 추구하는지, 전반적인 변혁을 추구하고 있는지를 알아야 구성원도 마음의 준비를 할 수 있기 때문입니다.

금기의 공간 허락하기

오래 사는 것은 예나 지금이나 많은 사람의 관심사인 듯합니다. 유전공학에서도 노화는 많은 관심을 받고 있는 연구 분야입니다. 그렇다면 노화의 비밀을 알기 위해 연구의 대상이 되고 있는 생명체를 알고 계시나요? 바로 바닷가재입니다. 바닷가재는 죽기 전까지 계속 성장하는 생명체로 알려져 있습니다. 연구에 의하면 지구상에 존재하는 생명체의 수명은 염색체 끝에 꼬리 모양으로 붙어 있는 '텔로미어Telomere'가 결정한다고 합니다. 세포가 새롭게 만들어질 때마다 텔로미어가 점점 짧아지고, 텔로미어가 짧아지다가 사라지게 되면 결국 생명체는 생을 마감하는 것입니다. 그런데 바닷가재의 경우 '텔로머레이스Telomerase'라는 효소가 텔로미어가 짧아지는 것을 막아 노화 현상이 일어나지 않습니다. 바닷가재는 이론적으로 죽지 않고 계속 살 수 있는 것입니다. 그런데 바닷가재는 죽습니다. 언제 죽는 것일까요? 바로 탈피를 멈출 때입니다.

바닷가재는 노화가 일어나지 않지만 몸이 커지면서 자신을 단단히 둘러싸고 있는 껍데기를 벗겨내는 작업을 계속해야 합니다. 그런데 몸이 커질수록 껍데기의 무게도 늘어나 탈피 과정에 많은 에너지를 쏟아야 합니다. 실제 바닷가재의 약 10%는 탈피 과정에서 탈진해 자연사하는 것으로 알려져 있습니다. 이런 힘든 과정을 계속하느니 일정 시간이 지나면 스스로 탈피를 멈추는 것입니다. 이때 문제가 생깁니다. 탈피를 통해 껍데기에 붙어 있는 세균이나 이물질 등을 털어내기 때문에, 탈피를 멈추는 순간 세균들이 번식해 바닷가재를 공격하고 병들게 합니다. 바닷가재는 노화로 죽는 것이 아니라 탈피를 멈춤으로써 생기는 질병으로 죽는 것입니다. 닫힌 계에서 엔트로피가 증가하면 열적으로 죽음에 이르는 것과 같은 현상이라 할 수 있습니다.

조직 또한 이런 탈피의 과정을 통해 재탄생하지 않으면 결국 사멸하게 됩니다. 헤르만 헤세가 "태어나려는 자는 자신의 세계를 깨트려야 한다"라고 말한 것처럼 껍데기를 깨는 행위를 계속해야 합니다. 그래서 『리더십, 문을 열다』의 저자인 이창준 대표는 리더십의 본질을 단순히 이끄는 행위가 아니라 문지방을 넘어 모르는 곳으로 갈 수 있도록 돕는 것이라고 정의했는지 모릅니다. 리더가 먼저 경계를 넘는 모습을 보임으로써 다른 사람들도 안전지대에서 벗어날 수 있도록 도와야 한다는 것입니다. 하지만 익숙함과 편안함을 갈망하는 인간은 자기가 모르는 곳으로 가는 것을 주저할 수밖에 없습니다. 이때 필요한 것이 익숙한 공간과 새로운 공간을 연결해주는 중간 지대입니다. 미국에서 주목받는 신세대 심리학자 피터 홀린스Peter Hollins는 익숙한 공간을 '안전지대Comfort Zone', 새로운 공간을 '공포 지대Panic Zone'라 명명하고, 둘 사이를 잇는 중간 지대를 '학습 지대Learning Zone'라 정의합니다. 그리고 안락함에서 벗어나 새로운 곳으로 이동하게 만드는 것은 공포 지대에서 얻을 수 있는 큰 과실이 아니라 얼마나 튼튼한 학습 지대가 있는지에 의해 결정된다고 봅니다. 데일 카네기는 "행동하지 않으면 의심과 두려움이 생긴다"라고 말합니다. 어찌 됐건 무엇이라도 해볼 수 있도록 하는 것만이 핑계를 없애준다는 의미입니다. 하나둘 시도해볼 여백을 줌으로써 조직 구성원들이 안전지대를 벗어날 여력이 생기는 것입니다.

학습 지대를 문화인류학적 관점에서 '리미널리티Liminality'라 부릅니다. 리미널리티는 문지방, 문턱, 경계를 의미하는 라틴어 '리멘Limen'에서 유래한 단어입니다. 이쪽도 저쪽도 아닌 경계선에 있는 공간인 만큼 어떠한 규칙에도 얽매이지 않으며 자유롭게 자신을 표현할 수 있는 곳입니다. 금기가 허락된 공간이라 할 수 있습니다. 학습 지대와 차이가 있다면 리미널리티 공간은 중심부에서 멀리 떨어진 끝에 존재한다는 것입니다. 중앙의 힘이 약한 곳인 만큼 억압도 덜하고, 규칙도 거의 없습니다. 또한 누군가의 눈치를 볼 필요도 없습니다. 문지방 위에서는 내가 누구인지, 어떤 지위나 권력을 가지고 있는지 중요하지 않습니다. 그 공간에 함께 있다는 사실만이 중요합니다. 대표적인 것이 2002년 월드컵 당시의 거리 응원입니다. 당시에는 누구나 붉은악마 옷을 입고 있다는 사실 하나만으로 동질감과 연대감을 느꼈습니다. 그 사람이 무슨 일을 하는지, 재산을 얼마나 소유했는지, 진보인지 보수인지는 아무런 관심이 없었습니다. 오직 축제 같은 상황을 즐길 뿐이었습니다. 이처럼 우리를 감싸고 있는 단단한 껍데기를 부수고, 인간 대 인간으로 만나면서 동질감과 연대감을 느낌으로써 이러한 어울림의 기억은 문화의 역동성을 유지하는 힘이 됩니다.

미국 사회학회 회장을 지낸 루이스 코저Lewis A. Coser는 "일탈은 사회가 변화에 적응하는 방식이다"라는 말을 남깁니다. 일탈인지 아닌지를 평가하는 기준은 한 사회의 역사적·문화적 배경에서 나온 것으로 사회적으로 용인되는 한계를 보여줍니다. 따라서 어떤 것들이 현재를 억압하고 있는지 뚜렷하게 보여주고, 무엇을 바꿔야 하는지에 대한 담론을 형성하는 역할을 합니다. 또한 일탈은 사회적 긴장을 해소하여 조직을 붕괴에까지 이르게 하는 큰 갈등을 예방할 수 있도록 합니다. 일탈이 사회에 어떤 문제가 있는지 신호를 보내주는 것입니다. 현재의 기준은 과거의 일탈에서 비롯됐을 가능성이 높기에 일탈할 수 있는 금기의 공간은 오히려 사회 발전의 에너지가 될 수 있습니다.

일탈하라는 말을 조금 순화해서 표현하면 "실패를 두려워하지 말아야 한다", "직급에 상관없이 당당하게 자신의 의견을 이야기할 수 있어야 한다"입니다. 단순한 일상 탈출이나 도덕적으로 문제가 있는 나쁜 행위를 하자는 의미가 아닙니다. 자신을 둘러싼 보이지 않는 억압을 깨트려보는 경험을 통해 새로운 가능성을 발견한다는 의미가 더욱 중요합니다. 역사학자 토인비Arnold J. Toynbee는 『역사의 연구』에서 세계사의 문명을 21개로 분류하고, 이들 문명이 발생·성장·쇠퇴·해체되는 과정의 분석을 통해 "문명은 도전에 대한 응전의 산물이다"라는 결론에 도달합니다. 문명은 외부적 또는 내부적으로 다양한 도전을 맞닥뜨릴 수밖에 없으며, 이러한 도전에 창조적 방식으로 대응해야만 살아남을 수 있다는 의미입니다. 토인비는 문명을 파괴하는 것은 오만함과 과거에 얽매인 사고라고 말합니다. 그는 그의 81번째 생일을 맞아 진행한 한 인터뷰에서 "과거의 영광에 매몰된 문명과 사람들이 모든 것을 불행하게 만든다. 사람은 미래를 바라보려 하지 않고 과거에 얽매이는 습성이 있다. 과거에 매인 문명과 사람은 이미 죽은 것이나 다름없다"라고 밝힙니다. 그리고 문명이 유지되기 위해서는 과거로부터 자유로운 '창조적 소수Creative

Minority'가 있어야 함을 강조합니다.

창조적 소수란 과거 성공 방식에 매몰되지 않고 자유롭게 행동하는 사람들입니다. 그런데 이들은 기존 구성원과 다르고, 조직 내에서 다수가 아니기에 사회적 억압을 받기 쉬운 위치에 있습니다. 따라서 이들을 보호하고 의도적으로 키우려는 노력이 필요합니다. 많은 기업이 오피니언 리더Opinion Leader, 체인지 에이전트Change Agent, 주니어 보드Junior Board 등의 이름으로 운영하는 조직이 바로 의도적으로 키우고 있는 창조적 소수라 할 수 있습니다. 하지만 자칫 운영을 잘못하면 이들이 존재 이유를 잊은 채 '지배적 소수Dominant Minority'로 변질되어 오히려 경직된 문화를 만드는 경우가 생깁니다. 창조적 소수였을 때 가지고 있던 사명감과 순수성을 잊은 채 자기도취와 무사안일에 빠져 스스로 기득권화하는 것입니다. 이러한 변질 현상을 없애기 위해서는 리미널리티를 만들어 지속적으로 직원들을 만나게 해주어야 합니다. 보통 오피니언 리더로 선발된 직원들에게는 CEO와의 대화, 경영진의 멘토링 등의 혜택이 주어집니다. 그런데 이런 활동만 해서는 그들이 진정한 창조적 소수로 성장할 수 없습니다. 경영진을 만나볼 수 있는 기회를 주는 만큼 다양한 현장 직원들과 만나는 기회를 주어야 합니다. 오피니언 리더, 체인지 에이전트라는 이름을 벗어던지고 직원들과 평등하게 만나는 기회를 계속 만들어야 합니다. 서로가 생각하는 금기를 깨트리며 스스로에게 생길지 모를 오만함도 같이 깨트릴 수 있기 때문입니다. 창조적 소수는 성을 쌓는 사람이 아니라 성을 부수는 사람이라는 사실을 명심해야 합니다.

견고한 소셜 엔진 돌리기

『로마인에게 배우는 경영의 지혜』의 저자인 김경준 대표는 천 년을 유지한 로마야말로 역사상 가장 위대한 기업이자 21세기를 살아가는 현재 기업들이 반드시 벤치마킹해야 하는 대상이라고 말합니다. 해당 도서에서 제시한 로마 특유의 개방성, 실력주의 등이 현대 조직의 운영 원리와 맥이 닿아 있다는 점을 금세 알 수 있습니다. 저희 조직도 창업 초기부터 로마에 대한 연구와 학습을 꾸준히 해왔습니다. 작은 도시국가에서 시작해 지중해와 유럽을 제패할 수 있었던 힘과 천 년을 유지할 수 있었던 비결, 그리고 꺼질 것 같지 않던 로마의 불꽃이 사그라드는 과정을 탐구하며, 현대 조직에 주는 시사점을 찾기 위해 노력했습니다.

로마의 최전성기가 언제인지에 대해서는 여전히 논란이 있지만, 대부분은 옥타비아누스가 악티움해전에서 안토니우스와 클레오파트라 연합군을 물리치고 존엄한 자를 뜻하는 '아우구스투스' 칭호를 받은 후 약 200년간 지속된 오현제五賢帝 시대를 말합니다. 작은 전투가 있긴 했지만 평화가 계속되었고, 상업적으로도 크게 융성했던 시기입니다. 200년이라는 오랜 기간 동안 평화와 번영이 유지될 수 있었던 이유는 여러 가지를 들 수 있지만 결국 훌륭한 리더가 계속 등장했기 때문이라 할 수 있습니다. 당시에는 혈연이나 지연 또는 사적 이해관계로 후계자를 선택하지 않고 역량과 품성을 갖춘 사람을 양자로 맞이하여 황제 자리를 잇게 했습니다. 투명하고 공정한 승계 계획이 작동했다고 볼 수 있습니다. 그런데 아이러니하게도 이런 승계 시스템은 오현제 중 가장 존경받은 황제이자 철학자인 아우렐리우스에 의해 끝이 납니다. 『명상록』이라 불리는 일기를 통해 끊임없는 성찰과 자기 수양에 매진했던 아우렐리우스는 왜 역량과 성품이 부족했던 자신의 아들 코모두스를 후계자로 지목해 로마제국을 몰락의 길로 빠지게 한 것일까요? 기업문화 관점에서 보자면 사회화에 실패했기 때문이라고 생각합니다.

아시아의 피터 드러커라 불리는 지식 경영의 대가 노나카 이쿠지로 교수는 지식을 형태에 따라 '암묵적 지식Tacit Knowledge'과 '형식적 지식Explicit Knowledge'으로 구분합니다. 암묵지는 언어적 형태로 전달하기 어려운 지식, 형식지는 말과 글을 통해 쉽게 전달할 수 있는 지식입니다. 이러한 지식들은 외부화, 종합화, 내재화, 사회화 과정을 통해 한 조직의 지식으로 형성된다고 합니다. '외부화Externalization'란 핵심적인 암묵지가 말과 글 형태인 형식지로 전환되는 과정을 뜻합니다. 창업자의 머릿속에 존재하는 철학이 경영 이념이나 창업 정신 등의 형태로 만들어지는 것을 뜻합니다. '종합화Combination'는 외부화를 통해 만들어진 형식지를 좀 더 구체적인 형식지로 만드는 과정입니다. 경영 이념의 개념과 키워드를 정하고, 이를 실천하기 위해 핵심 가치나 행동 규범 등을 만드는 일입니다. '내재화Internalization'는 구체화된 형식지를 개인이나 팀의 상황에 맞는 암묵지로 변환하는 작업입니다. 핵심 가치를 실천하는 경험을 통해 자신만의 노하우를 체득하는 것입니다. 마지막 '사회화Socialization'는 개인이 체득한 암묵지가 조직의 암묵지로 바뀌는 과정입니다. 내재화 과정을 통해 얻게 된 경험을 공유하고, 동료 압력을 통해 자연스럽게 조직의 원칙으로 자리 잡을 수 있도록 하는 것입니다.

다시 아우렐리우스의 이야기로 돌아가서, 그는 로마의 성공을 이끈 철학을 깊이 있게 이해하고 있었으며 이를 자신에게 적용함으로써 높은 수준의 내재화를 달성했다고 볼 수 있습니다. 그리고 자신이 지키려고 했던 원칙과 철학을 실천하는 모습을 보임으로써 가장 가까이에 있는 아들과 신하들이 자연스럽게 받아들였으리라 생각했습니다. 하지만 코모두스가 황제로서 보여준 모습이나 신하들의 암투 과정을 보면 사회화에는 실패한 것으로 보입니다. 개인적으로는 모범적인 삶을 살았지만 13년간 진행된 게르만족과의 처절한 전투로 주변 사람들과 교류하는 과정이 줄어들면서 아우렐리우스 개인의 암묵지가 로마제국 리더 계층의 암묵지로 전파되지 못해, 결국 로마도 쇠락의 길을 걷게 된 것이라 볼 수 있습니다.

기업문화 활동을 하면서 우리는 습관적으로 '내재화'라는 말을 사용합니다. 조직의 미션, 비전, 핵심 가치를 이해하고 이를 스스로 신념화해 행동으로 옮기는 것까지를 바라보는 것입니다. 그러나 우리는 내재화 이후 사회화 단계가 있다는 사실을 기억해야 합니다. 사회화까지 이어지지 못하면 개인의 역량에 흔들리는 조직이 되고 맙니다. 『실행에 집중하라』의 저자 램 차란Ram Charan 교수는 조직 내에서 가장 강력하지만 제대로 알려지지 않은 경쟁 우위 중 하나로 소셜 엔진을 지목했습니다. 소셜 엔진이란 같이 대화하는 문화를 가리킵니다. 모든 구성원이 동등하게 자신의 의견을 피력하고 경청하면서 정보를 공유하는 엔진이 있을 때 조직의 전략이 살아 움직일 수 있다는 의미입니다. 기업문화에 고민이 있다면 조직 내 소셜 엔진이 있는지, 있다면 그것이 제대로 작동하고 있는지 점검하는 것이 필요합니다.

Part. 2-2

관료화에 맞서기

회의주의와 질문들

회의주의라는 말을 들으면 어떤 느낌이 드시나요? 의심이 많고, 주도적이지 못하며, 왠지 우유부단한 모습이 떠오르지 않나요? 그러나 이것은 회의주의를 냉소주의 또는 허무주의와 같은 것으로 인식해서 생긴 오류입니다. 회의주의는 모든 일에 부정적으로 대응하고 덮어놓고 의심부터 하는 냉소주의나 세상 자체가 아무 의미 없는 곳이라고 생각하는 허무주의와는 전혀 다른 개념입니다. 회의주의란 인간이 어떤 대상이나 현상에 대해 확실한 지식을 가질 수 있다는 생각을 의심하는 사조입니다. 즉 모든 것을 부정하고 의심하는 게 아니라 그것을 인식하는 인간을 의심하는 것입니다. 인간이 믿는 확실한 지식이라는 것은 한계가 있을 수밖에 없다고 받아들이는 것입니다. 이런 회의주의는 인간의 사고를 확장하고 사회의 발전을 이끈 핵심적 동인으로 평가받고 있습니다. 독일의 철학자 헤겔은 "진정한 철학은 참된 회의주의에서 비롯된다"라는 말을 남기기도 했습니다. 신의 권위에 대한 회의가 중세 르네상스를 만들었고, 합리적 인간에 대한 회의가 행동경제학을 만든 것처럼 특정한 주제에 대한 확실성을 의심하는 태도가 인류의 진보를 가져왔습니다.

최근 들어서 회의주의가 다시 주목받는 이유는 급변하는 세상과 인간의 인식 범위를 크게 넓혀주는 과학기술의 발전 때문입니다. 과거에는 의심 없이 받아들였던 것들이 참이 아님이 밝혀지고, 내가 옳다고 생각했던 것들에 대한 반증이 무수히 나옵니다. 그뿐만 아니라 과학으로 위장한 미신과 음모론, 가짜뉴스들이 판을 치며 무엇이 옳고 그른가에 대한 판단을 더욱 어렵게 합니다. 인간은 자신의 경험과 지식, 직관에 대한 자부심이 있고, 자신의 신념을 고수하는 사람을 고결한 사람으로 판단하는 경향이 있기에 내가 틀렸을지 모른다는 생각보다 나의 믿음을 더욱 견고하게 만들어주는 정보에 솔깃하게 됩니다. 이때 필요한 태도가 과학자들의 사고법입니다. 데이터에 기반해 사고하고, 가설을 검증하는 방식으로 접근하는 것입니다. 미국 와튼스쿨의 심리학과 교수인 애덤 그랜트Adam M. Grant는 이러한 방법을

'다시 생각하기' 전략이라 표현합니다. 먼저 나를 다시 생각하고, 내가 롤 모델이라고 생각하는 사람이나 사건을 다시 생각하며, 마지막으로 나의 철학과 가치를 다시 생각하는 3단계를 통해 알고 있다는 생각을 버려야 올바른 진리에 다가갈 수 있다는 점을 강조합니다. 미국의 천문학자이자 『코스모스』의 저자인 칼 세이건은 "자신에게, 그리고 권위 있다고 느껴지는 사람들에게 회의적인 질문을 던지지 않는다는 것은 우리 스스로를 속이는 행위이자 무능한 사람들이 자신을 잡아먹도록 내버려두는 행위이다"라고 말합니다. 진실에 다가가는 방법이 회의와 회의를 통한 질문임을 밝힌 것입니다.

관료화를 이야기하기에 앞서 회의주의에 대한 이야기를 한 이유는 100년 넘게 유지되어온 관료제 조직과 그 조직에서 적응하며 생활해온 사람들이 지금의 자신을 만들어준 관료 시스템을 한 번에 일소하는 일이 너무나 어렵기 때문입니다. 세계 최고의 리더십 전문가로 불렸던 워런 베니스Warren G. Bennis는 1966년 『변화하는 조직*Changing Organizations*』에서 불확실성이 커지고 혁신이 중요해지는 현대 산업계에서 관료주의는 종말을 맞이할 것이라고 예견했습니다. 하지만 그의 예견은 실현되지 않았습니다. 2018년 게리 하멜은 〈하버드 비즈니스 리뷰〉에 기고문을 내고 관료주의의 종말을 위해 '모든 관리자를 해고하자'는 도발적인 방안을 제시하기도 합니다. 우리는 이런 도발적인 선언의 이면에 숨어 있는 뜻을 읽을 수 있어야 합니다. '관리자를 없애면 되겠지'라고 생각하는 게 아니라 왜 이런 말을 했을지 생각해봐야 합니다. 하멜의 주장은 당연하게 받아들이는 것들에 지속적으로 질문을 던져보자는 것입니다. "관리자는 왜 있어야 할까?", "왜 상사의 결재가 필요할까?", "관리와 통제는 왜 없어지지 않을까?" 등 우리를 둘러싸고 있는 모든 것을 회의적 시각에서 봐야 관료화의 늪에서 빠져나올 수 있습니다. 조직의 수준은 조직 구성원의 수준을 뛰어넘지 못합니다. 만일 조직이 발전하지 않고, 변하지 않아 힘들다고 생각한다면 스스로를 돌아봐야 합니다. 나는 의심하고 질문하고 있는지 생각해봐야 합니다. 관료화가 더욱 공고해지는 것은 관료제가 진화하기 때문이 아니라 구성원의 생각이 관료화를 깨트리지 못하기 때문이라는 말을 기억해야만 관료화의 문제를 극복하는 첫 단추를 끼울 수 있습니다.

상징 활용하기

한 해 한 해를 돌이켜 보면 그 해를 대표하는 단어들이 생각납니다. 다사다난했던 2022년은 어떤 단어로 기억될까요? 개인적으로는 '중꺾마'라는 단어가 아닐까 생각합니다. '중요한 것은 꺾이지 않는 마음'의 줄임말입니다. '중꺾마'는 2022년 롤드컵이라 불리는 '리그 오브 레전드 월드 챔피언십'에서 주장인 데프트 김혁규 선수가 처음 한 말로 알려져 있습니다. DRX는 국내 시드전에서 최약체라는 평가를 뒤집고 모든 경기를 풀세트 접전 끝에 승리하며 가까스로 롤드컵 마지막 시드를 차지합니다. 그리고 롤드컵에서도 미국 1위 팀에 패하는 등 어려움이 있었지만, 리그전과 토너먼트를 통과한 후 롤드컵 결승에서는 세계 최고 게이머인 페이커 이상혁이 이끄는 T1을 상대로 풀세트 접전 끝에 3 대 2로 이기며 기적 같은 구단의 첫 우승을 만들어냅니다. 김혁규 선수는 우승 후 인터뷰에서 "꺾이지 않는 마음이 제일 중요하다고 생각합니다"라는 소감을 밝히며 '중꺾마'라는 해시태그를 유행시킵니다.

2022년 겨울, 한국의 월드컵 16강 진출이 걸린 포르투갈과의 조별 예선 마지막 경기에서 후반 추가 시간에 터진 결승골로 16강 진출에 성공한 한국 축구 대표팀 선수들은 관중석에서 태극기 하나를 건네받습니다. 그 태극기에는 'Never give up, 중요한 것은 꺾이지 않는 마음'이라는 문구가 새겨져 있었고, 미디어의 주목을 받으면서 '중꺾마'는 하나의 신드롬이 됩니다. 코로나 팬데믹과 경기 침체로 고통받는 국민들에게 희망을 준 메시지이기에 그 힘이 컸으리라 생각합니다. 2002년 월드컵 이후 '꿈은 이루어진다'는 말이 사회를 하나로 통합하는 역할을 했다면, '중꺾마'는 고통과 시련에도 의지가 꺾이지 않는다면 해낼 수 있다는 상징이 되지 않을까 생각해봅니다. 드라마틱하게 16강에 진출한 한국 축구 대표팀은 16강에서 세계 최강 브라질을 만납니다. 그때 주목받은 것은 16강 경기가 열리는 '스타디움 974'입니다. 이곳은 카타르의 국제 전화번호 코드인 974에서 영감을 얻어 974개의 화물 컨테이너를 이용해 만든 조립식 경기장입니다. 한국과 브라질의 16강 경기 후 스타디움 974는 해체되어 스포츠 인프라가 부족한 국가에 기부될 예정이며, '974'는 지속가능한 경기장을 대표하는 숫자라는 타이틀을 갖게 됐습니다.

숫자는 생각보다 강력한 상징성이 있습니다. 조지 오웰의 『1984』, 무라카미 하루키의 『1Q84』 등 숫자가 들어간 제목은 호기심을 자극하고 신비감을 줍니다. 세계적인 명문장으로 꼽히는 『1984』의 첫 문장에서도 숫자의 힘을 느낄 수 있습니다. "화창하지만 추운 4월 어느 날, 시계는 13시를 알리고 있었다." 동양과 서양에서 가장 기피하는 숫자 4와 13을 통해 앞으로 전개될 내용의 분위기를 한 번에 보여준 것입니다. 숫자들은 그 자체로는 아무런 의미가 없습니다. 하지만 누군가의 감정이 이입되고, 우연한 경험들이 쌓이면서 어떤 상징으로 작용하게 됩니다. 한국의 부모들이 가장 좋아하는 숫자는 3이라고 합니다. 어린아이가 자라면서 부모에게 가장 많이 듣는 말이 "셋 셀 때까지"라는 우스갯소리가 있기도 합니다. 세 번째 숫자에 불과한 3이 완벽, 한계, 최종 기한, 배려의 기준의 뜻으로 사용되는 것입니다.

상징은 호모사피엔스의 주요한 특징이라고 말하는 학자도 많습니다. 오직 인간만이 상징을 생성하고, 이를 이해하는 존재라는 뜻입니다. 그래서 기업문화를 한 조직이 가지고 있는 상징의 총합이라 부르기도 합니다.

관료화가 가지고 있는 가장 큰 문제는 목적과 수단의 전도 현상입니다. 관료제는 고객에게 최고의 가치를 제공할 수 있도록 행위자의 권한과 책임을 명확히 규정해주고 부당한 압력이나 청탁 등에 자유롭게 대응할 수 있도록 신분을 보장해줍니다. 관료제의 목적이 고객에게 있는 것입니다. 그런데 목적 달성을 위해 만들어놓은 절차가 오히려 목적 달성을 방해하고 업무의 효율성을 떨어뜨리는 현상이 나타나 문제가 됩니다. 이를 해결하기 위해 많은 기업은 자체의 상징을 만듭니다. 아마존이 회의실에 '빈 의자'를 가져다놓은 것이나 형식주의의 상징인 '레드 테이프'에 맞서 '그린 테이프'로 문서를 철하도록 하는 것 등이 대표적인 예입니다. 저희 조직도 모든 임원 회의를 '고객의 목소리'로 시작합니다. 고객 중심의 철학을 지키기 위한 행동이자 관료화를 막기 위한 상징적 모습이라 할 수 있습니다. 또한 기업이 추구하는 가치를 지속적으로 노출시키고, 끊임없이 조직의 존재 이유와 목적을 상상할 수 있도록 하는 것입니다. 관료화를 제도나 구조로 풀 수 있다고 생각해서는 안 됩니다. 조직의 존재 이유와 목적 그리고 이를 늘 상기시킬 수 있는 상징이 있어야 관료제가 변질되는 현상을 막을 수 있습니다.

수평 조직의 본질과 의미

보스턴컨설팅그룹은 코로나 팬데믹이 한창이던 2020년 7월 「다시, 관료제의 종말The End of Bureaucracy, Again?」이라는 기사를 발표합니다. 비즈니스 환경이 급변하고 있음에도 여전히 존재하는 관료제의 생명력이 너무나 놀랍다고 지적하면서 기술의 발달, 파괴적 혁신의 증가, 적응력과 속도가 중요해진 패러다임 등을 근거로 이번에야말로 관료제의 종말을 이루어야 한다고 주장합니다. 그리고 관료제의 대안으로 청록 조직Teal Organization, 홀라크라시Holacracy, 확장된 애자일Scaled Agile, 개방형 조직Open Organization 등을 제시합니다. 각각 조금씩 차이가 있지만 궁극적으로는 구성원의 자율성에 기반해 움직이는 조직, 투명한 정보를 바탕으로 한 개방적 조직, 위계적 구조를 타파한 수평적 조직을 특징으로 하고 있습니다. 불확실성과 역동성이 증가하고 있는 상황에서 학습, 회복력, 적응력, 혁신을 최우선으로 한 조직으로 변신할 수 있는 기회가 왔다고 강조합니다.

한국의 기업들도 이러한 흐름에 맞춰 수평적 조직을 만들기 위한 노력을 계속하고 있습니다. 호칭을 없애고, 직급 체계를 단순화하며, 직급과 직책의 분리를 통해 전문성을 갖춘 인재가 더 큰 영향력을 발휘할 수 있도록 하는 것 등이 대표적 사례입니다. 하지만 기대했던 성과가 잘 나오지 않습니다. 그 이유에 대해 인사 조직 컨설턴트 김성남 파트너는 수평적 조직에 대한 뿌리 깊은 오해에서 비롯된 것이라고 이야기합니다. 대표적인 오해는 '조직은 원래 수직적인 것이다', '수평적 조직은 체계가 없다', 마지막으로 '한국 정서에 맞지 않는다'입니다.

조직이 수직적이라는 오해는 조직을 조직도와 동일시하기 때문에 나타나는 현상입니다. 앞서 바너드의 이론을 통해 설명드렸다시피 조직은 '공통의 목적 달성을 위해 두 명 이상이 의식적으로 협력하는 시스템'입니다. 즉 조직도는 껍데기일 뿐 실상은 본질적으로 협력을 만들어가는 역학 구조입니다. 따라서 조직이 수직적일 필요가 전혀 없습니다. 오히려 협력을 원활히 하기 위한 가장 좋은 구조를 만드는 것이 조직의 본질이라 할 수 있습니다. 두 번째, 수평 조직은 체계가 없다는 지적도 개인적 경험에서 나온 편견일 가능성이 높습니다. 시킨 일을 군소리 없이 해내는 것이 체계가 아닙니다. 규정에 있지 않더라도 고객과 조직을 위해 옳은 일이 무엇인지 판단해 스스로 행동하는 것이 체계가 잡힌 조직의 특징입니다. 마지막으로 한국 정서에 맞지 않는다는 생각은 장유유서長幼有序에 대한 오해에서 비롯됐다고 생각합니다. 장유유서란 말 그대로 '나이가 많은 사람과 나이가 어린 사람 사이에는 차례가 있다'고 밝힌 것이지 찬물도 위아래가 있다는 말처럼 윗사람은 대접받아야 한다는 의미가 아닙니다. 여기서 '차례'란 '배려'의 다른 말입니다. 하기 어려운 일이 있으면 어른이 먼저 솔선수범할 수 있고, 젊은이가 잘하는 것이 있다면 기회를 주는 것이 장유유서에서 말하는 차례입니다. 이렇게 보면 수평적 조직은 한국 정서와 맞지 않는 것이 아니라 한국 문화가 지향하는 이상적 모습과 닮아 있을 수 있습니다.

직원들도 수평 조직을 '일하기 편한 조직'과 동일시하는 경우가 있습니다. 하지만 수평 조직은 높은 수준의 전문성과 스스로 동기부여하는 자율성에 기반해 움직이는 조직이기에, 직원 스스로 자기 계발과 자기 규율을 바탕으로 하는 자세가 필요합니다. 격의 없이 진솔한 피드백을 주는 만큼 본인도 솔직한 피드백을 받을 용기를 갖추고 있어야 합니다. 상사가 지시한 업무만 수행하면서 수평적으로 일하고 싶다고 생각하는 것은 어불성설입니다. 수평적으로 대화하고 의사결정하기 위해서는 상사들이 가지고 있는 경험을 뛰어넘는 고민과 학습이 진행되어야 합니다.

다른 것들과 마찬가지로 수평 조직은 목적이 아니라 수단입니다. 수평 조직을 만들려는 이유는 관리자 중심으로 짜여 있는 업무 방식을 고객과 현장 중심으로 바꾸기 위함입니다. 우리의 일은 상사의 결재를 얻어내는 게 아니라, 고객이 필요로 하는 것을 적시에 제공하고, 고객의 문제를 해결하기 위해 행동하는 것입니다. 수평 조직의 가장 큰 효용으로 직원의 주인 정신과 책임감을 꼽습니다. 지시나 통제를 최소화하고 스스로 업무의 주인이 되어 실행하는 것입니다. 이를 위해서는 계급이 아니라 데이터가 의사결정의 기준이 되어야 합니다. 아마 직원들이 원하는 수평 조직의 모습은 직급과 경험에 의해 작동하는 게 아니라 전문성과 데이터에 의해 작동하는 조직일 것입니다.

피터 드러커는 『프로페셔널의 조건*The Essential Drucker on Individuals*』에서 커뮤니케이션의 원리를 이야기합니다. 커뮤니케이션은 수신자가 인지Perception할 수 있는 범위 내에서 기대Expectation와 요구Demand가 서로에게 전달됨으로써 상호 의존적 관계에 있음을 인식하는 과정이라고 정의합니다. 따라서 커뮤니케이션은 조직을 운영하는 수단이 아니라 조직의 존재 양식이라고 정의합니다. 관료제나 수평 조직도 마찬가지입니다. 우리가 존재하기 위해 채용한 방법이며, 이를 잊지 않는 것이 수평 조직의 본질에 접근하는 지름길입니다.

관심, 관찰, 관여의 메커니즘

일본에서 기업의 생존과 지속가능성에 대한 연구와 컨설팅으로 유명한 고미야 가즈요시는 기업에 대한 컨설팅에 들어가기에 앞서 스스로에게 "관심을 가지면 보인다. 그러나 신념을 가지면 보이지 않는다"라는 말을 되뇐다고 합니다. 스스로 가지고 있는 편견과 오만에서 벗어나기 위한 주문이라고 합니다. 이 주문은 기업문화 측면에서도 의미 있습니다.

우리는 문화를 만들고 관리하는 일을 가끔 '신념화'와 동일시합니다. 조직이 추구하는 가치를 내재화하고, 조직이 규정한 올바른 행동들을 습관화해 자동으로 필요한 행동을 하게 만드는 것입니다. 하지만 이런 신념화의 반대편에는 '우민화'가 자리하고 있습니다. 신념에 빠진 사람은 주변에 대한 관심과 공감보다는 나와 생각이 같은지 다른지만 중요하게 생각합니다. 그리고 나와 다르면 배제합니다. 대표적인 예가 중세의 마녀사냥입니다. 사랑과 포용을 실천해야 할 종교가 자기 생각에 동의하지 않는 사람들을 마녀라고 규정하고 화형에 처한 것은 종교가 가져야 할 기본적 가치를 망각한 것이라 할 수 있습니다. 이는 관심을 갖기보다 신념에 휩싸였기 때문입니다. 관심을 갖는다는 것은 자신의 가치판단을 잠시 유보하고 이유를 궁금해하는 것입니다.

기업문화 진단 작업을 같이 했던 모 컨설팅회사의 파트너는 문화 진단을 할 때 자신이 가장 주의 깊게 보는 것이 참여율이라고 말해주었습니다. 몰입도가 5점 만점에 몇 점인지, 핵심 가치의 내재화가 몇 점인지보다 자율적으로 진단에 참여하는 직원들의 비율이 문화의 현 수준을 가장 잘 알려주는 척도라는 것입니다. 관심이 있다면 그만큼 이후 실행 과정에서 큰 힘이 되기 때문이라고 합니다.

관심이 있는 사람들은 애정 어린 '관찰'을 합니다. 지적을 위한 관찰이 아닌 발전적인 대안을 찾기 위한 관찰입니다. 애정 어린 관찰의 특징은 상대방의 행동이 아닌 의도를 보는 것입니다. 신한의 여성 리더 육성 프로그램인 '쉬어로즈SHeroes'의 주임 교수를 역임한 고현숙 교수는 "모든 관계 갈등은 자신은 의도로 판단하고, 상대방은 행동으로 판단하기 때문이다"라는 말을 합니다. 이것을 반대로 돌려야 올바른 소통과 관계 형성이 이루어진다는 점을 강조합니다. 흔히 "내 의도는 그게 아니었는데……", "내 마음도 몰라주고……"라며 섭섭함을 이야기하는 경우가 많습니다. 하지만 이처럼 상대방의 특정한 행동에 대해 판단할 것이 아니라 "무슨 의도로 그런 행동을 했을지 헤아려봐야 합니다. 이것이 바로 애정 어린 관찰입니다.

관찰하는 사람은 카테고리화를 경계합니다. 특정한 사람들을 한데 뭉뚱그린 후 그 안에 넣어 판단하지 않는다는 뜻입니다. MZ세대가 가장 듣기 싫어하는 말이 "MZ들은 이렇다면서"라고 합니다. 그들은 한 명 한 명으로서 존중받고 싶어 하는데 MZ라는 카테고리에 넣어 "MZ는 이럴 거야"라고 구분 짓는 행위가 싫었을지도 모릅니다. 2020년, MZ세대를 분석한 베스트셀러 책들에서 제시한 해당 세대의 특징 중 공통적으로 나온 10가지를 뽑은 후, MZ세대가 이에 대해 얼마나 동의하는지 알아보는 조사를 진행했습니다. 놀랍게도 10개 중 5개는 동의하지 않는 것으로 나왔습니다. 추가적인 조사에서 나온 더 재미있는 사실은 정작 MZ세대는 MZ세대나 90년생들에 대한 책을 읽지 않았고 읽을 생각도 없다는 비율이 70%가 넘었다는 것입니다. 책에서 나온 내용으로 자신들을 범주화하는 것과 기성세대가 만든 또 다른 틀에 갇히는 느낌이 싫다는 게 이유였습니다. 관찰이란 비슷한 점을 찾는 것이 아니라 다른 점을 찾는 과정입니다. 내가 알고 있는 카테고리에 넣는 것은 관찰이 아닙니다.

관료화의 가장 큰 문제점인 사일로Silo 현상은 결국 관여에 대한 터부 때문입니다. 너의 일과 나의 일이라는 벽을 쌓고, "너나 잘하세요"라는 생각으로 일하는 것입니다. 하지만 관여는 팀이나 개인에게 있어 기회입니다. 보다 건설적이고 생산적인 방식을 찾고, 직원들의 공감도를 높이기 위한 필수 프로세스라는 마음을 가져야 합니다. 관심을 갖고 애정 어린 관찰을 하는 이유는 결국은 '관여'를 하기 위해서입니다. 관여와 간섭은 다릅니다. 신제구 교수는 "관여는 지속적으로 대화하고 관계를 만드는 과정에서 해주는 조언과 지원이며, 간섭은 아무런 신경도 쓰지 않다가 갑작스레 툭 던지는 의견"이라고 정의합니다. 그리고 관여를 할 때는 두 가지 질문에 대해 생각해본 다음 행동하라고 합니다. "상대방이 그것을 정말 모를까?", "그것을 알고 싶어 할까?"입니다. 올바른 구분이라 생각합니다. 관여하는 사람이 많은 조직이 강한 조직이고, 관료화의 문제를 이겨낼 수 있는 조직입니다. 진짜 관여는 내가 가지고 있는 장점을 기꺼이 내주는 행위입니다.

세계 어느 곳에서나 볼 수 있는 캐릭터가 있습니다. 바로 산리오Sanrio에서 만든 '헬로키티'입니다. 관광지에서 살 수 있는 기념품부터 과자, 자동차, 항공기, 명품 브랜드에 이르기까지 다양한 컬래버레이션을 하는 기업입니다. 산리오의 CEO는 주주총회에서 헬로키티가 다양한 제품과 컬래버레이션하는 이유에 대해 "정말 좋은 상품인데 팔리지 않고 사라질 것 같은 것이 있다면 산리오에게 연락주십시오. 저희 캐릭터와 컬래버하면 팔리니까요. 저희 회사의 목표는 세상 모두가 사이좋게 지내는 것입니다"라고 말했습니다. 이것이 바로 관여입니다. 관심, 관찰, 관여 메커니즘이 잘 돌아가는 조직에는 엔트로피가 들어갈 틈이 없습니다.

망각의 곡선 이겨내기

니체는 "개인이 제정신이 아닌 것은 비정상이지만, 집단은 제정신이 아닌 것이 정상이다"라고 말합니다. 정상적인 사람도 어떤 집단에 속하는 순간 이해할 수 없는 행위를 한다는 것입니다. 이는 집단에 속하면 '나'라는 존재를 망각하기 때문이라고 합니다. 내가 어떤 사람이었고, 어떤 행동을 옳다고 믿었는지를 잊어버리고, 행동에 대한 책임이 집단을 향하기에 이해할 수 없는 모습을 보이는 것입니다. 기업도 집단으로서의 특징을 갖고 있기에 자신의 존재 이유와 목적을 잊기 쉽습니다.

잊는 행위는 자연스러운 현상이라 할 수 있습니다. 기억에 대한 실험 연구를 개척한 독일의 심리학자 헤르만 에빙하우스Hermann Ebbinghaus는 이를 '망각곡선Forgetting Curve'의 개념으로 설명합니다. 어떤 것을 학습한 뒤 시간이 지나면서 어느 정도의 양을 기억하는지 추적한 에빙하우스는 한 시간이 지나면 절반 정도가, 하루가 지나면 3분의 2가 사라진다는 점을 발견합니다. 그런데 일정 간격을 두고 다시 학습하면 잊히는 속도가 줄어들고, 이를 반복하면 해당 내용이 단기 기억이 아닌 장기 기억으로 넘어간다는 점도 발견합니다.

이것을 기업에도 대입할 수 있습니다. 관료화되었다는 말은 창업 정신을 잊었다는 것을 의미합니다. 고객을 위한 투철한 사명감, 업계에 새로운 표준을 제시하겠다는 열의는 사라지고, 주어진 일만 반복합니다. 본인도 스타트업으로 출발했다는 사실을 잊은 채, 유명 스타트업 회사들을 벤치마킹하며 "우리는 왜 이럴

까?"라며 푸념만 늘어놓습니다. 정작 잊어야 할 것은 잊지 않고, 잊지 말아야 할 것은 잊어버리는 모습이 나타나는 것입니다. 월가의 전설적인 투자자로 유명한 토머스 로 프라이스Thomas Rowe Price, Jr.는 한 인터뷰에서 자신의 투자 성공 비결로 창업 정신에 대한 집착을 꼽았습니다. 모든 비즈니스는 사람이 만드는 것이라는 철학을 가지고 있는 로 프라이스는 누가 왜 경영하는지를 반드시 살피고, 그런 철학이 경영진에게 전파되어 있는 수준을 보며 장기 투자 여부를 결정한다는 원칙을 밝힙니다. 창업 정신이 유지되는 기업에는 관료화가 파고들 틈이 없고, 늘 고객지향적인 결정을 함으로써 안정적인 수익을 내기 때문입니다. 창업 정신이야말로 관료화를 깨트리는 궁극적 무기입니다. 따라서 기업들은 창업 정신이 잊히지 않도록 필수적으로 노력해야 합니다.

이때 필요한 것이 '명백간이明白簡易'입니다. 조직에서 허용되지 않는 것을 명백하게 밝히고, 의사결정 등에서 간단하고 쉽게 활용할 수 있는 방법을 제공하는 것입니다. 부검 회의Postmortem Meeting나 레드 팀 운영 등이 방법이 될 수 있습니다. 어떤 정책을 실시한 후, 결과를 철저히 분석해보는 것이 부검 회의입니다. 보통은 실패한 근본 원인을 찾아 문서로 남김으로써 같은 실패를 반복하지 않기 위한 방법으로 사용되지만 성공한 사례에도 적용할 수 있습니다. 레드 팀은 회의 시 의도적으로 반대 의견만을 제시하는 사람을 지정하는 것으로 확증 편향이나 집단 사고에서 나오는 오류를 사전에 잡아내기 위한 방법입니다. 여기서 중요한 것은 무엇을 성공과 실패로 볼 것인지의 기준과 반대 의견의 근거입니다. 기준과 근거가 창업 정신과 연결되어 있어야 합니다. 단순히 비용, 효율 등의 관점이 아닌 우리 회사가 사업을 하는 이유가 프레임으로 작동해야 합니다.

Part. 2-3

권위적 존재가 아닌 품격 있는 존재

불확실성의 시대

2016년 4월 실리콘밸리의 거물들이 캘리포니아의 한 고등학교에서 진행된 장례식에 모였습니다. 구글의 창업자 래리 페이지와 세르게이 브린, 페이스북 창업자 마크 저커버그, 애플의 CEO 팀 쿡, 아마존의 제프 베이조스 등 미국 IT업계의 거물들을 모두 움직이게 한 사람은 실리콘밸리의 전설적인 코치 빌 캠벨William V. Campbell Jr.입니다. 캠벨은 원래 미식축구 코치였습니다. 경쟁보다 공동체 정신, 상호 존중, 연민 등을 중요시하다보니 냉정한 스포츠 세계에서 좋은 성적을 내지 못했습니다. 그래서 그는 미식축구 코치를 그만두고 비즈니스 코치로 새 출발을 합니다. 타인의 성공을 돕는 일이야말로 모든 비즈니스와 코칭의 시작이라고 생각한 캠벨은 개인기와 전문성에만 의존했던 실리콘밸리의 엔지니어들에게 팀플레이의 중요성과 커뮤니티의 발전, 협업을 중시하는 문화를 전파했습니다. 지금의 실리콘밸리 문화는 캠벨에게서 시작했다고 표현해도 과하지 않을 정도입니다. 캠벨은 빠르게 변화하는 환경 속에서 리더는 모든 것을 스스로 해결해야 한다는 부담감에서 벗어나야 함을 강조합니다. 실제로 괴팍하기로 유명했던 스티브 잡스도 캠벨과 대화하며 자신을 성찰하는 시간을 가졌다고 합니다. 그는 리더십으로 고민하는 사람들, 특히 뛰어난 전문성과 번뜩이는 아이디어로 리더의 자리에 올라간 사람들에게 "위대한 관리자라면 부하 직원들이 알아서 당신을 리더로 만들 것입니다. 그들이 당신을 리더로 만드는 것이지 당신 스스로 리더가 되는 것은 아닙니다"라고 강조합니다. 리더는 자신이 빛나는 사람이 아니라 빛나는 사람을 통해 빛을 보는 사람이라는 철학을 전파하며 괴짜 같은 천재들을 리더로 키워냅니다.

캠벨의 방식은 불확실성이 지배하는 세계에 너무나 잘 어울립니다. 확실성의 세계에서는 먼저 태어난 사람이 당연히 경험도 많기에 그들을 믿고 따르는 것이 가장 좋은 전략이었습니다. 부모님이 말씀하시는 것, 선생님이 올바른 답이라고 알려주는 것들을 빨리 받아들이는 사람이 '착한 아이'이자 '훌륭한 사람'이었습니다. 대부분 답이 정해져 있기 때문에 문제를 보고 빠르고 정확하게 해결하는 사람이 핵심 인재라 평가받았습니다. 이런 체계에서 권위자는 과묵해야 했습니다. 답을 먼저 말해주는 것이 아니라 사람들이 권위자가 생각하는 정답을 스스로 찾아내야 하기 때문입니다. 그리고 권위를 평가를 통해 행사했습니다. 질문하고, 문제를 발견하며, 새로운 시도를 하는 사람은 권위에 도전하는 사람이 되어 낮은 평가를 받고, 권위자와 비슷한 생각을 가진 사람이 높은 평가를 받았습니다. 하지만 앞으로는 다릅니다. 경험이 많다는 것이 오히려 방해가 될 여지가 큽니다. 지금은 불확실성에 기반한 시대라 모호함이 상수로 자리 잡고 있기 때문입니다. 지금의 권위자는 알고 있던 지식을 빠르게 버리고 새로운 생각을 습득하는 사람이지, 자신이 모든 것을 알고 있다는 독단에 빠져 있는 사람이 아닙니다.

구글은 캠벨의 이러한 코칭을 바탕으로 직원들에게 권위를 인정받는 개발자이자 리더가 되기 위한 세 가지 조건을 정합니다. 겸손Humility, 존중Respect, 신뢰Trust입니다. 겸손은 나의 코드가 완벽하지 않다는 점을 인정하고, 누구에게나 배우겠다는 열린 마음을 의미합니다. 존중은 함께 일하는 동료들의 기여와 성취를 당연하게 생각하지 않고 감사하는 것입니다. 개발 과정에서 논쟁이 난무하고 감정 싸움에 휘말렸더라도 누군가의 의견이 채택되었다면 쿨하게 상대방을 인정하고 박수를 치는 모습입니다.

마지막으로 신뢰는 세계 최고의 직원들과 일하고 있다고 믿고, 그들이 올바른 일을 하리라 믿는 것입니다. 우리는 패배했다고 인정하거나 생각을 바꾸는 것이 권위가 사라지는 행위라는 고정관념을 갖고 있습니다. 하지만 사실은 그 반대입니다.

영국의 공영방송인 BBC는 이슈가 되고 있는 단어나 신조어를 설명하는 코너인 '오늘의 단어Word of The Day'에서 한국어인 'KKONDAE'를 선정해 소개했습니다. '꼰대'는 늘 자신이 옳다고 생각하는 나이 많은 사람을 뜻한다는 설명과 함께 한국에만 국한된 현상이 아니라 전 세계적으로 심해지고 있는 갈등의 주요 원인이라고 소개합니다. 실제 댓글창에서 "우리나라에도 이런 사람들이 많다"라는 의견과 함께 각자 본인들의 나라에서 보이는 꼰대적 현상을 공유하고 어떤 것이 최악의 꼰대인지 '좋아요'를 누르며 비교하는 등 세계적으로 공감을 받는 단어가 되었습니다.

'꼰대'라는 용어의 정확한 어원이나 시작점을 알기는 어렵습니다. 주름이 많은 노인을 지칭하던 영남 사투리 '꼰데기'에서 왔다는 주장, 일제강점기에 귀족 계급이었던 백작을 일컬은 '콘테'에서 왔다는 주장도 있지만, 국립국어원은 이 단어가 늙은 거지를 부르는 말로 사용되던 비속어가 손윗사람이나 교사, 상사를 폄하하는 은어로 사용되면서 퍼졌다고 설명합니다. 그들이 폄하하는 것은 늙음이 아닙니다. 다른 사람의 의사와 관계없이 자신이 옳다고 믿는 인지적 경직성, 변화를 수용하지 못하는 공감 능력 부족, 자신을 평가할 때는 외부 환경을 탓하지만 타인을 평가할 때는 그 사람의 성격과 선호, 능력 등 내부적 요인을 따지는 내로남불적 모습을 폄하하는 것입니다. 꼰대가 아닌 사람의 특징은 스스로 꼰대라고 생각하는 것이라고 합니다. 요즘 권위가 붕괴되고 있다는 말이 많습니다. 그리고 사회에 진정한 권위자가 사라진다는 걱정도 많습니다. 그런데 잘 생각해보면 권위는 자연스레 붕괴되고 새롭게 생성되는 것입니다. 아직도 사라져가는 옛날의 권위를 찾고 있는 것은 아닌지 생각해봐야 합니다.

용기 있는 사람만이 가질 수 있는 메타인지

2017년 보고문화 개선을 위한 사내 프로젝트를 진행하면서, 직원들을 대상으로 인터뷰를 진행했습니다. 보고할 때 상사에게 가장 받기 싫은 질문에 대해서도 이야기해달라고 했습니다. 이때 가장 많이 나온 답변이 "확실해?"였습니다. 직원들은 확실하냐는 질문을 받을 때 오만 가지 생각이 든다고 합니다. "내용이 틀렸다는 건가?", "중요한 정보가 빠졌다는 이야기인가?", "나보고 책임을 지라는 뜻인가?"와 같은 생각부터 "확실합니다"

라고 말하는 것이 맞는지 아니면 "확실하지는 않지만 최선을 다하겠다"라고 말하는 것이 겸손해 보이고 좋은지 너무나 헷갈린다고 답했습니다. 어려운 문제입니다. 그런데 세계적으로 주목받고 있는 미래학자 중 한 명인 후안 엔리케스Juan Enriquez는 이런 질문 자체가 지금 시대에 맞지 않다고 지적합니다. 확신이란 윤리와 믿음, 규범이 불변할 때만 가능한 일입니다. 지금 우리에게 필요한 것은 확신이 아니라 겸손한 태도, 덜 비난하는 자세 그리고 미래 우리의 후손들이 우리들을 야만적이라고 비난하리라는 사실을 받아들이는 것이라고 주장합니다. 우리는 아직도 인간의 감각을 아리스토텔레스가 정의한 '오감五感'이라는 틀에서 인식합니다. 시각, 청각, 후각, 미각, 촉각 다섯 가지 감각으로 모든 세상을 보고 있습니다. 인간의 지성을 집대성한 아리스토텔레스의 권위에 감히 도전하지 못하는 것입니다. 그런데 지금까지 신경과학으로 밝혀진 감각이 20가지가 넘습니다. 또한 감각은 따로 존재하는 것이 아니라 서로에게 영향을 주며 통합적으로 작동한다는 것이 정설로 굳어지고 있습니다. 오감으로만 세상을 보는 사람과 20여 개가 넘는 감각이 있다는 사실을 인지하고 세상을 보는 사람은 다를 수밖에 없습니다.

이제 우리는 기억하고 있는 지식의 양이 아니라 스스로 생각하는 힘에 권위를 부여해야 합니다. 생각하는 힘의 핵심이 '메타인지'입니다. 메타인지는 인지에 대한 인지라고 불리는데, 쉽게 설명하자면 내가 무엇을 알고 무엇을 모르는지를 아는 것입니다. 모 방송국에서 전국 모의고사 상위 0.1% 학생들과 평범한 학생들은 어떤 차이가 있는지 알아보기 위한 실험을 진행했습니다. 무작위로 뽑은 25개의 단어를 일정 시간 동안 보여준 뒤, 본인이 몇 개나 기억할 것인지 예상해보고, 실제 기억해낸 단어의 숫자와 비교해보는 실험이었습니다. 그 결과 상위 0.1%에 속한 학생들은 본인이 예상한 숫자와 실제 기억해낸 단어의 개수가 거의 일치했습니다. 하지만 평범한 학생들은 예측과 실제의 차이가 크게 나타났습니다. 이 실험이 방송된 후 한국 교육에 메타인지 열풍이 불었습니다. 그런데 잘 생각해보면 메타인지가 높은 사람이 성적이 높은 것은 당연할 수밖에 없습니다. 누구에게나 똑같이 주어진 시간 속에서 본인이 아는 것과 모르는 것을 명확히 인지하고 있는 학생은 모르는 것에 좀 더 집중할 수 있고, 메타인지가 부족한 학생은 같은 시간 동안 이것저것 공부하며 정작 필요한 것에는 신경을 쓰지 못하기 때문입니다.

교육계에 불던 메타인지 열풍이 산업계로 전파된 것은 디지털 트랜스포메이션이 가속화되면서부터라는 의견이 많습니다. 인간만이 할 수 있다고 생각했던 일들을 기계가 대체하거나 대체를 넘어 훨씬 훌륭한 성과를 창출하는 경우가 생기면서 인공지능이 할 수 없는 것에 대한 탐구가 진행되었고, 자기 성찰 능력을 뜻하는 메타인지만큼은 인공지능이 따라 할 수 없다는 결론을 내린 것입니다. 하지만『메타인지, 생각의 기술』의 저자인 오봉근 대표는 개인 차원에서 인공지능이 하지 못하는 일을 발견하는 것도 중요하지만, 조직 차원에서 인공지능을 통해 더 잘할 수 있는 것을 찾는 노력이 훨씬 중요하다고 말합니다. 인공지능이 잘하는 것은 인공지능에 맡기고, 인간은 더 생산적이고 고차원적인 일에 몰입하는 것이 조직 입장에서는 훨씬 유리하기 때문입니다. 오봉근 대표는 조직 차원의 메타인지를 높이기 위해서는 문화가 뒷받침되어야 한다고 강조합니다. 업무의 목적이 무엇인지 생각하기, 제시된 대안이라도 일단 의심해보기, 사실관계, 노하우, 시각차 중 무엇이 문제인지 정의하기, 과정을 통해 배울 수 있는 체계 만들기, 마지막으로 전체를 이해하기 위한 시간 갖기 등의 행동이 구성원의 일하는 방식에 자연스럽게 자리 잡아야만 조직 차원의 메타인지가 강화된다고 본 것입니다. 사실 조직 차원의 메타인지는 '인지적 유연성'이라는 개념으로 꾸준히 관심받고 있었습니다. 인지적 유연성이란 습관화된 반응이나 사고를 극복하고 새로운 상황에 적응하는 능력, 이전에 고수했던 신념이나 습관을 조정할 수 있는 능력, 한 시점에 발생한 사건을 두 가지 이상의 관점에서 바라보는 것을 뜻합니다.

인지적 유연성이 뛰어난 리더들은 성공의 가장 큰 적이 작은 성공의 기억이라는 사실을 잘 알고 있습니다. 또한 직원들의 유연성이 커질 때 조직 차원의 성과도 훨씬 올라간다는 사실을 이해하고 있습니다. 그래서 이들은 공통적으로 정답을 알려주지 않는 용기를 가지고 있습니다. 인간이면 누구나 상황을 통제하고 싶은 욕망이 있습니다. 앞으로 어떤 상황이 전개될지 모르면 불안하기 때문입니다. 또한 인간은 즉시성과 편리함에 쉽게 중독됩니다. 에너지를 가장 효율적으로 사용할 수 있는 방법이기 때문입니다. 과거에 경험해봤거나 내가 알고 있다고 생각하는 문제가 나오면 빨리 답을 정해 해당 상황을 모면하고자 합니다. 그러나 인지적 유연성이 뛰어난 리더들은 그것을 참아내고 스스로 다른 해결책이 있을지 생각해봅니다. 작은 성공 기억을 의도적으로 잊는 훈련을 하는 것입니다. 그리고 본인뿐만 아니라 주변 사람들도 스스로 해결책을 찾을 수 있도록 여유를 줍니다. 그래야 생각하는 힘이 강해지기 때문입니다. 여유는 아무나 줄 수 없습니다. 리더 스스로 자신감이 있을 때만 가능합니다. 권위가 누군가를 비난하고 가르칠 때 생긴다고 오해하곤 하는데, 모든 비난은 시간 낭비입니다. 다른 사람의 흠을 잡고 비난한다고 해서 나아지는 것은 하나도 없습니다. 오히려 성찰이 중요합니다. 메타인지를 기반으로 스스로 성찰하는 힘을 키우는 것이 권위주의에서 벗어나는 길입니다. 용기 있는 사람만이 메타인지를 키울 수 있습니다.

팔로어십 키워주기

로마공화정의 대표적인 정치인이자 사상가였던 키케로는 『의무론』에서 해야 할 것과 하지 말아야 할 것을 판단하는 기준은 오직 '도덕적 선善'이라고 말합니다. 도덕적 선은 지식, 정의, 용기, 인내가 합쳐진 것입니다. 지식이란 진리에 대한 통찰과 탐구를 뜻하고, 정의는 각자의 것을 각자에게 나눠주며 계약에 신의를 지키는 것입니다. 용기는 고귀함을 포기하지 않는 강직함을 가리키고, 인내는 질서와 온건함에 기반해 생각하는 것입니다. 네 가지를 갖춘 사람은 뽐내거나 자신에 관한 이야기를 많이 하지 않아도 가장 낮은 위치에 있는 사람부터 윗사람에 이르는 모두에게 존경받습니다. 그리고 모든 사람이 자연스럽게 배어나는 그 사람의 품격Dignitas을 인정하고 따릅니다. 키케로가 말한 품격이 바로 지금 우리가 원하는 리더십의 모습일 거라 생각합니다. 키케로는 모든 행동에 자연스럽게 품격이 묻어나기 위해서는 품격 있는 행동이 무엇인지를 통달해야 한다고 말합니다. 통달이란 막힘없이 훤히 모든 것을 앎을 뜻합니다. 어떤 사물이나 사건의 숨겨진 의미까지 모조리 알고 있는 것입니다. 품격을 통달한 사람만이 품격에서 자유로울 수 있습니다.

리더십의 고민에서 자유로운 조직이 몇이나 있을까요? 많은 조직이 막대한 비용과 적지 않은 시간을 리더십에 투자하고 있음에도 여전히 직원들은 리더십에 목말라하고 있습니다. 기업문화는 리더의 그림자라는 말이 있듯이 리더십의 문제는 결국 기업문화의 문제로 연결됩니다. 리더십에 대한 교육과 관리가 지나치게 강조되다보니 조직이 더욱 경직되고 천편일률적인 리더십만 남게 되는 것이라는 반성의 목소리가 있습니다. 또한 리더십이란 리더와 팔로어 간 상호작용으로 나타나는데 지나치게 리더만을 강조함으로써 팔로어의 역할을 너무 축소했다는 이야기도 있습니다. 키케로가 무엇인가에 통달한 사람만이 그것으로부터 자유로울 수 있다고 했듯이 팔로어로서 완벽한 팔로어십을 발휘한 사람만이 리더의 위치에서도 적합한 리더십을 발휘할 수 있지 않을까요? 조직의 역사와 문화를 언급할 때도 과거에는 리더십의 탁월성만을 강조했다면, 최근에는 리더십의 반대편에 자리한 구성원의 팔로어십에도 동등한 가치를 부여해야 한다는 의견이 많이 나오고 있습니다. 조직은 리더의 노력만으로는 절대 끌고 갈 수 없기 때문입니다.

『팔로어십의 힘*The power of followership*』의 저자인 카네기멜론대학교 로버트 켈리Robert E. Kelley 교수는 변화의 시대에는 조직의 20%에 해당하는 리더가 아닌 80%에 해당하는 팔로어가 조직 운명을 결정하는 것이 특징이라고 밝힙니다. 변화를 가장 빠르게 읽고 이를 실무에 적용하는 사람들은 팔로어들이기 때문입니다. 과거에는 위대한 리더 한 사람의 강력한 카리스마와 실행만으로 조직이 살아남을 수 있었다면, 지금은 과거 어느 시대보다 높은 역량을 가진 구성원이 조직 곳곳에 포진되어 있는 만큼 이들의 자발적 추종을 이끌어내는 것이 조직의 흥망에 훨씬 큰 영향을 준다고 본 것입니다. 따라서 리더들을 대상으로 리더십의 본질과 스킬 등에 대한 지속적인 학습과 점검의 기회를 주는 만큼 조직의 비전을 실현해나가는 구성원에게도 팔로어십을 개발할 기회를 제공해주는 것이 중요해졌습니다. 단, 팔로어를 단순히 리더의 지시를 따르는 사람 혹은 의존적인 존재로 생각해서는 안 됩니다. 팔로어는 리더보다 적은 권한과 영향력을 가지고 있지만 스스로 영향력을 만들어가는 자발적 주체라는 관점으로 접근해야 합니다. 이를 위해서 이끄는 사람과 따르는 사람으로 따로 구분된다는 생각을 버리고, 이끄는 역할과 따르는 역할이 있다는 생각으로 전환해야 합니다.

켈리 교수는 팔로어십을 '비판적 사고와 능동적 참여를 통해 리더와 함께 조직의 목표를 달성해가는 행위'로 정의합니다. 그리고 팔로어십을 보여주는 수준에 따라 5단계로 구분합니다. 1단계는 '수동형 팔로어Passive'입니다. 리더의 통제에 따르며 리더가 시키는 것만 겨우 수행하는 유형입니다. 생각하지도 않고 따르려고 하지도 않는 유형입니다. 2단계는 '순응형 팔로어Conformist'입니다. 이들은 착하고 열심히 움직이는 스타일입니다. 전형적인 예스맨들입니다. 독립적이거나 비판적 사고를 하지 못하며 지나치게 리더에게 의지하는 경향을 보입니다. 3단계는 '소외형 팔로어Alienated'입니다. 리더에 대한 비판 의식은 있으나 실제 행동으로 옮기지 않는 유형입니다. 불평불만을 늘어놓으며 냉소적 태도를 취합니다. 4단계는 '실무형 팔로어Pragmatist'입니다. 이들은 리더의 결정에 의문을 품는 경우도 있지만 시키는 일을 잘 수행합니다. 하지만 리더의 기대 이상으로 모험을 하지는 않습니다. 마지막 5단계는 '모범형 팔로어Exemplary'입니다. 이들은 스스로 생각하고 알아서 성과를 만들어내는 유형입니다. 무조건 순응하는 것도 아닙니다. 이들은 건설적 비판을 하는 데 주저하지 않습니다. 이런 팔로어십 유형을 이해해야 하는 이유는 리더들, 특히 권위주의에 빠진 리더들이 순응형과 실무형 팔로어를 최고로 생각하는 경향이 있기 때문입니다. 이는 팔로어가 일을 잘하는 것은 좋아하지만, 너무 비판적이거나 새로운 아이디어를 내는 것에는 부담을 느끼기 때문입니다. 이는 리더의 중요한 의무 중 하나인 또 다른 리더를 키워야 한다는 점을 망각한 결과입니다.

리더십은 권위의 행사가 아닙니다. 구성원이 리더의 역할을 이해하고, 그가 행사하는 권위의 의미를 수용할 수 있도록 하는 것입니다. 중요한 의사결정을 앞에 두고 누군가 비판적 의견을 낼 때 딴지를 건다고 생각하거나 괜한 갈등과 시간 낭비만 만든다고 생각한다면, 다양한 견해를 통합해 보다 나은 해결책을 발견하는 데 실패할 수밖에 없습니다. 물론 앞서 이야기한 소외형 팔로어들의 냉소는 리더들이 참아내기 어려울 수 있습니다. 하지만 그럼에도 불구하고 그러한 이야기를 경청하는 모습에서 수동형, 순응형 팔로어들을 모범형으로 키울 수 있습니다. 미래 조직은 한 사람 한 사람이 스스로 결정할 수 있는 힘이 있고, 공동체 관점에서 통합할 수 있는 문화가 뒷받침될 때 지속가능할 수 있습니다. 팔로어십에 관심을 가져야 하는 이유입니다.

내려놓으면 올라간다

팔로어십은 선택권을 직원들에게 돌려주는 것입니다. 스스로 결정했다고 느끼는 자율성을 부여해주는 것입니다. 선택권을 가진 직원들은 더 이상 상사의 명분이나 목표를 이뤄주기 위해 일하지 않고, 조직의 대의나 개인의 목표를 위해 일하게 됩니다. 이런 상황을 접하면 리더들은 당혹스러울 수 있습니다. 나를 위해 일하는 게 조직을 위한 것인데 새로 온 직원이 그것을 잘 모른다고 생각할 수도 있습니다. 하지만 이런 생각은 앞뒤가 바뀐 것입니다. 직원들이 조직의 존재 이유와 자신의 성장을 위해 일한다면 리더는 자연스럽게 빛나게 되어 있습니다. 따라서 그들의 행동에 더 많은 힘을 실어줘야 합니다. 한 직원이 입사해서 퇴사할 때까지 그 사람의 발전에 도움이 되는 일만 주겠다고 다짐하고 실천한다면 모든 팔로어가 훌륭한 팔로어십을 발휘할 것입니다. 그들은 리더의 권위 덕분에 자신들의 권위를 만드는 경험을 하게 될 것입니다.

누군가에게 힘을 실어주는 것을 '임파워먼트Empowerment'라 부릅니다. 보통 임파워먼트를 '권한 위임'이라고 생각하는데 실제로는 권한 위임보다 훨씬 넓은 의미를 가지고 있습니다. 『임파워먼트 실천 매뉴얼』이라는 책을 통해 국내에 제대로 된 임파워먼트의 개념과 방법을 소개한 서울대 박원우 교수는 임파워먼트를 정확히 사용하기 위해서는 힘의 흐름에 대한 개념 자체를 바꿔야 한다고 말합니다. 일반적으로 우리는 임파워먼트가 힘을 많이 가지고 있는 사람이 그것을 적게 가진 사람에게 나눠주는 것이라고 생각합니다. 즉 힘이 센 상사가 선심 쓰듯이 베푸는 것이라고 생각합니다. 그래서 상사나 리더들은 자신의 힘을 나눠주는 것이 권위를 상실하는 행위라고 오해합니다. 하지만 이것은 잘못된 접근법입니다. 임파워먼트의 과정은 힘이 한쪽으로만 이동하지 않고 양방향으로 움직입니다. 상사가 직원에게 힘을 실어주면 직원은 그 힘을 사용해 상사의 시간과 에너지를 아껴줍니다. 상사는 자신에게 주어진 보다 중요하거나 큰 일에 에너지를 쏟을 수 있습니다. 그리고 직원의 힘이 세지면, 해당 상사가 담당하고 있는 부문이나 그룹의 전체 힘이 강해집니다. 그래서 박원우 교수는 임파워먼트의 파워를 '권한'이라고만 해석해서는 안 된다고 지적합니다. 권한이라고 해석하기 때문에 제한된 크기의 권한을 나눠준다고 생각한다는 것입니다. 권한 말고도 파워의 유형이 많습니다. 서로 협력하여 파워가 밑에서 위로, 위에서 밑으로, 양옆으로 커지면서 서로서로 파워를 키워주는 것이 임파워먼트의 본질이라고 봅니다. 이처럼 리더십과 팔로어십을 연결해주는 에너지가 바로 임파워먼트입니다.

임파워먼트의 또 다른 의미는 책임 부여입니다. 누군가에게 책임을 부여하는 것은 역량을 발휘해 지금의 문제를 해결해달라는 용기 있는 부탁입니다. 책임으로 위장해 누군가의 약점을 잡아내려 하거나 자신이 하기 어려운 일을 대신 해줄 희생양을 찾는 게 아닙니다. 누군가에게 책임을 부여하는 게 자신의 취약성을 드러내는 것이라는 생각에 수치스러운 감정을 느끼는 사람도 있습니다. 이로 인해 자신에게로 향하는 존경심을 잃을까 걱정도 합니다. 하지만 에리히 프롬은 존경심은 경외심이나 두려움과 같은 뜻이 절대 아니라고 말합니다. 존경을 뜻하는 '리스펙트Respect'의 어원을 따라가보면, 존경이란 사람을 있는 그대로 보고 그 사람의 독특한 개성을 느끼고 받아들이는 마음입니다. 최근 취약성과 리더십의 효과성을 실증적으로 분석한 기사를 보면, 리더가 약점이나 실수를 드러낼 때 직원들은 오히려 리더에게 친밀감과 신뢰를 느낀다고 합니다. 물론 리더가 자포자기한 모습을 보이는 것과 취약성을 드러내는 것은 다릅니다. 취약성이란 "나도 모르는 것이 있다", "내가 다 알 수 없다"라는 점을 밝히고, "그래서 직원들이 솔직하게 이야기해주었으면 한다"라는 말을 통해 직원들의 자발적 참여를 이끌어내는 것입니다. 누군가에게 힘을 줘야만 나도 힘이 생긴다는 사실을 잊지 말아야 합니다.

리더는 고독한 존재일 수밖에 없다고 이야기합니다. 하지만 그 고독은 스스로 만들었을 가능성이 높습니다. 리더인 자신을 제대로 지원해주는 팔로어가 없어 혼자 고민하고 결정해야 한다면, 자신이 파워를 나눠줬는지, 팔로어들에게 책임지고 결정할 수 있는 기회를 주었는지 돌아봐야 합니다. 또한 자신의 포용력도 점검해야 합니다. 과거에는 훌륭한 팔로어의 조건으로 리더가 제안이나 비판을 받아들일 준비가 되었는지 파악하는 눈치를 꼽았습니다. 팔로어가 제안을 했다는 행위가 중요한 것이 아니라 리더가 그것을 수용했는지가 중요하다고 생각했기 때문입니다. 리더의 심리 상태와 상황, 앞뒤에 있었던 일을 잘 살핀 뒤 리더의 수용성이 높아졌을 때 진언을 하는 것이 미덕이었던 것입니다.

『한비자』의 '세난' 편에는 '역린지화逆鱗之禍'에 대한 설명이 나옵니다. 용은 잘 길들이면 사람이 타고 다닐 정도로 온순해지지만, 목 근처에 거꾸로 난 비늘인 역린逆鱗을 건드리면 반드시 그 사람을 물어 죽인다고 합니다. 높은 위치에 있는 사람에게도 이런 역린이 있고, 충언하고자 하는 사람은 이 역린을 절대로 건드려서는 안 된다는 이야기입니다. 역린이 무엇인지 살피고 상대가 현재 날이 서 있는지 아닌지 확인해야 한다는 뜻입니다. 사람은 누구나 견디지 못하는 것이 있고, 절대 타협할 수 없는 것도 있습니다. 그래서 모든 관계에서 상대방의 역린을 조심해야 합니다. 하지만 리더와 팔로어의 관계에서는 조금 다르다고 생각합니다. 뛰어난 리더라면 취약성을 밝히는 것처럼 본인의 역린이 무엇인지 정확히 알려주어야 합니다. 그리고 그것이 역린이라는 것을 안 이상 개선하려는 노력을 동반해야 합니다. 자신의 취약성을 이런저런 역린으로 포장하기보다는 당당히 밝히고 그것을 단련하는 모습을 보일 때 팔로어들의 진짜 존경을 받을 수 있습니다.

권위가 수용되기 위한 네 가지 조건

한 초등학생이 모 TV 프로그램에 나와 조언과 잔소리의 차이에 대해 "잔소리는 왠지 모르게 기분이 나쁜데, 충고는 더 기분 나쁜 것이다"라고 설명한 것이 SNS에서 엄청난 공감을 받은 적이 있습니다. '뼈 때리는 명언'이라며 제발 충고라는 말로 포장해 자기 생각을 강요하지 말라는 반응과 함께 우리 사회의 잘못된 권위주의 문화를 보여주었다는 평가를 받았습니다. 반면 또 다른 커뮤니티에서는 제멋대로인 사람들이 자기를 위하는 말인지도 모른 채 무조건 무시만 하는 것 같아 안타깝다는 반응도 많았습니다. 이처럼 사회적 관계에서는 무엇이 옳다, 그르다를 평가하기가 힘듭니다. 여기서 생각나는 사람이 양자물리학의 선구자 중 한 명인 오스트리아의 볼프강 파울리Wolfgang E. Pauli입니다.

1918년 18세의 나이에 뮌헨대학교 물리학과에 입학한 파울리는 당시 대부분의 과학자들도 이해하기 어려웠던 아인슈타인의 특수상대성이론에 대해 237쪽에 달하는 해설서를 써서 아인슈타인조차 감탄하게 했습니다. 그가 당시 만든 해설서는 특수상대성이론의 최초의 교과서로 불리고 있습니다. 그의 천재성은 물리학계에서 너무나 유명했습니다. "새로 쓴 논문이 성공할 것인지를 알고 싶다면 학술지에 발표하기 전에 파울리에게 먼저 검증받아라"라는 말이 공공연하게 돌 정도였습니다. 이런 천재성 때문일까요? 파울리는 날카로운 논평과 독설로도 유명했습니다. 그는 너무나 형편없는 논문을 봤을 때, 그 사람에게 "자네는 틀리지도 못했네"라고 말했다고 합니다. 충분한 학습도 이루어지지 않고 실패가 두려워 쓸데없는 내용을 늘어놓은 것에 대한 강력한 비판이었습니다. 이런 말을 할 정도로 파울리는 강력한 독설가였는데도 제자들이 끊이지 않았다고 합니다. 대학원

추천서에 자신이 원하는 내용대로 써주지 않을 것을 잘 알면서도 많은 사람이 그에게 부탁했습니다.

지금 보면 잔소리나 충고를 넘어 폭언에 가깝다고 생각할 수 있는데도 사람들은 그를 존경했습니다. 파울리는 무엇이 달랐을까요? 전문성과 진정성이라고 생각합니다. 앞서 이야기한 그의 천재성은 과거에 머문 천재성이 아니라 미래를 향한 천재성이었습니다. 고전물리학의 시대에서 양자물리학으로 패러다임이 바뀌는 시점에서 그는 가장 선두에 서 있었습니다. 또한 학문에 대한 열정과 탐구를 위한 진지한 자세는 그 누구도 부정할 수 없었기에 사람들은 그의 독설이 "나를 위한 이야기다"라고 생각했던 것입니다.

『우두머리 늑대 되기*Leitwölfe sein*』의 저자 예스퍼 율Jesper Juul은 한 팀에는 한 명의 주장만 존재하는 것처럼 조직에서 모든 사람이 동일한 권위를 갖는 것은 현실적으로 불가능하다고 말합니다. 하지만 그렇기에 서로 존경하고 존중할 수 있음을 강조합니다. 나와 같아서가 아니라 다르기 때문에 서로의 존재를 필요로 한다는 것입니다. 어떤 사람은 발이 빠르고, 누군가는 특별한 청각을 가지고 있으며, 또 다른 누군가는 끈기 있게 동료들을 챙기기에, 나도 존재하고 팀도 존재할 수 있습니다. 자신의 권위를 위해 타인의 권위를 훼손하지 않는 것입니다. 이런 관계가 성립될 때 진심이 전달될 수 있습니다. 그런데 우리는 무엇인가를 전달하려고 할 때 많은 조건이 충족되어야 한다는 사실을 잊는 경우가 많습니다.

진심, 진정성, 전문성과 같은 눈에 보이지 않는 것들이 전달되기 위해서는 네 가지 조건이 충족되어야 합니다. 첫째, 전달된 것을 이해해야 합니다. 무슨 말을 해도 상대방이 전혀 이해하지 못한다면 그것은 소음에 지나지 않습니다. "틀리지도 못했네"라는 조언을 받았을 때, "안 틀렸다고 뭐라고 하다니 참 이상한 사람이네"라고 생각한다면 그건 조언으로서 아무런 가치가 없게 됩니다. 둘째, 전달되는 내용이 내가 속한 조직의 목적과 모순되지 않는다는 믿음이 있어야 합니다. 조직은 양자역학 쪽으로 가고 있는데, 고전물리학 내용을 전달하려 한다면 당연히 받아들이는 사람은 거부할 수밖에 없습니다. 셋째는 전달되는 내용이 개인적 이해에 도움이 되어야 합니다. 우리는 종종 "다 너 좋으라고 하는 소리야"라는 말을 합니다. 그런데 듣는 사람에게 좋은 것이 아니라 말하는 사람에게만 좋은 경우가 많습니다. 이런 생각이 들 때 전달은 이루어지지 않습니다. 마지막으로 전달받은 것을 정신적으로나 육체적으로 받아들일 수 있는 상황이어야 합니다. 다른 것들을 해내기에도 힘든 상황에서 또 다른 대안을 제시하는 것은 하등의 도움이 되지 않습니다. 마음이 불편해지고, 불편한 마음의 원인을 제공한 사람에게 나쁜 감정만 생기는 것입니다.

누군가에게 도움을 주고, 누군가로부터 진정성과 전문성을 인정받기 위해서는 이 네 가지 조건이 잘 갖추어져 있는지 살펴야 합니다. 이런 판단 없이 권위만을 내세운다면 오히려 권위 자체에 대한 의심만 커질 수 있습니다. 누군가로부터 명령을 받거나 도움을 받고자 하는 사람 또한 이 네 가지 기준에 맞춰 자신은 잘 준비되어 있는지 성찰할 수 있어야 합니다. 누군가의 조언을 수용할 수 있는 지식수준을 갖추었는지, 조직의 목적을 폭넓게 이해하고 있는지 등을 판단할 수 있어야 합니다. 권위 있는 사람이 권위적인 사람으로 바뀌는 것은 한 사람만의 잘못이 아닙니다. 우리 모두 준비가 되어 있지 않기 때문일 가능성이 큽니다.

공정이 만드는 신뢰

토스를 창업한 이승건 대표는 한 언론과의 인터뷰에서 "자율과 책임의 문화는 역설적이게도 무능력에 대해 철저히 무관용적일 때 강화된다"라는 생각을 피력했습니다. 자율적이고 수평적인 문화에서는 모든 권위와 레거시에 문제 제기를 할 수 있는 만큼 조직에 혼란과 갈등이 발생할 수 있기 때문입니다. 그래서 모두가 진심으로 존경하고 신뢰하는 권위자가 있어야 합니다. 기업 문화 차원에서 보자면 권위자의 유무보다는 조직 내에서 어떤 사람이 권위를 인정받는지가 더욱 중요한 문제입니다. 조직 내에서 나타나는 세대 갈등도 자세히 보면 어떤 행위와 가치에 더 큰 권위를 부여할지에 대한 갈등입니다. 월화수목금금금의 생활을 하며 조직의 성공이 곧 나의 성공이라는 생각으로 행동하는 사람과 정해진 시간 내에 개인과 조직에 대한 균형 잡힌 시각으로 정확하게 자기 업무를 수행하는 사람 중 누구의 권위를 인정할 것인지에 대한 가치관의 차이로 해석할 수 있습니다. 어떤 가치가 옳다고 단언하기는 어렵습니다. 이 또한 해당 조직의 문화와 관련이 있기 때문입니다.

그렇다면 권위 있는 사람에게 부여된 역할과 책임은 무엇일까요? 권위자란 한마디로 '증명하는 사람'이라고 생각합니다. 증명을 통해 신뢰를 얻고, 신뢰를 얻음으로써 다시 권위를 인정받는 선순환을 만드는 것입니다. 증명이 '맞음'만을 보여준다고 생각해서는 안 됩니다. '틀림'도 권위 있는 사람을 통해 증명됩니다. 그리고 틀렸음을 인정하고 새로운 해결책을 같이 찾아보는 것입니다. 증명에서 필요한 행동은 결국 솔선수범입니다. 애덤 그랜트는 누군가에게 신뢰를 얻게 되는 과정은 "대화가 아니라 관찰을 통해서만 이루어진다 Not conversation but observation"라고 말합니다. 남에게 전달하는 말이나 명령, 지시가 아니라 내 삶에서부터 실천할 때 온전한 영향력을 행사할 수 있습니다.

그렇다면 앞으로 권위를 인정받는 사람은 누가 될까요? '공정'

한 사람일 것입니다. 공정의 사전적 정의는 '공평하고 올바름'입니다. 어느 쪽으로도 치우치지 않고, 말이나 생각, 행동 등이 이치에서 벗어나지 않아야 한다는 말입니다. 『정의란 무엇인가』의 저자인 하버드대학교의 마이클 샌델Micheal J. Sandel 교수는 '공정' 안에는 두 가지 철학이 힘을 겨루고 있다고 말합니다. 인간으로서 마땅히 행해야 하는 옳음을 강조하는 의무론적 생각과 의사결정이나 행동의 결과가 자신에게 좋아야 한다는 결과론적 생각입니다. '옳음'과 '좋음'이 충돌하지 않을 때는 전혀 문제되지 않지만 둘이 다른 방향으로 작용할 때는 갈등이 커집니다. 옳다는 것은 알지만 자신에게 나쁠 때나 옳지 않다는 것을 알지만 나에게 좋을 때, 분노하거나 눈을 감는 것입니다. "과거의 기준에 맞춰 현재의 상황을 재단하지 말아달라"는 목소리와 "학력고사 100만 명 시절의 경쟁을 뚫고, IMF의 파고도 넘어선 사람처럼 치열해본 적이 있는가"라는 목소리의 충돌에서 한쪽 손만 들어주기는 너무나 어렵습니다. 그럼에도 불구하고 공동체가 지속가능하기 위해 어떤 '옳음'과 '좋음'을 추구해야 하는지에 대해 끊임없이 대화하고 합의를 만들어가야 합니다. 마이클 샌델은 정의로운 사회란 소득, 부, 의무, 권리, 기회와 같은 사회적 자산들이 올바르게 분배된 사회라고 정의합니다. 그리고 '옳음'에 대한 정의를 잘 내릴 수 있는 사회가 지속가능한 사회라고 말합니다.

많은 사람이 평등Equality과 공정Fairness을 혼동합니다. 『공정한 보상』의 저자인 서울대학교 신재용 교수는 가장 잘못된 공정은 모든 직원에게 똑같이 보상해야 한다는 생각이라고 지적합니다. 이는 최악의 직원은 우대하면서 최고의 직원은 홀대하는 시스템이라고 말합니다. 공정은 개인이 기여한 몫에 따라 보상이 결정되어야 함을 의미합니다. 기여 없이 많은 보상을 받는 것은 불공정합니다. 공정함에 대한 이러한 생각은 아리스토텔레스의 『니코마코스 윤리학』에서 나온 분배의 정의에 기초한 것입니다. 아리스토텔레스는 정의로운 분배란 사회적 보상이 각자가 기여한 바에 비례하여 분배될 때 완성된다고 보았습니다. 공정이 기여와 보상의 적절성과 같이 분배에 관한 것이라면, 평등은 기회와 관련된 것입니다. 본인이 노력으로 얻을 수 없는 것들로 인해 기회에서 차이가 발생하거나 어떤 조건을 달성하면 기회를 준다고 했는데 중간에 조건을 바꾼다면 평등을 위반한 것입니다. 이 두 가지가 작동하지 않는 조직에서 인재는 떠날 수밖에 없습니다. 조직에 대한 신뢰를 만드는 핵심 기제는 '평등'과 '공정'입니다. 규칙에 맞게 경쟁할 수 있는 기회를 주고 결과에 맞는 정당한 대가가 주어져야 합니다.

전문성과 진정성이 권위를 만드는 시작점이라면, 권위가 신뢰를 쌓아가는 과정은 공정함과 연관되어 있습니다. 하지만 공정을 스킬로만 생각해서는 안 됩니다. 대화법, 질문법, 피드백하는 법 등만으로 해결되는 문제가 아닙니다. 공정은 스킬이 아닌 원칙입니다. 단, 누군가를 향한 원칙이 아닌 자신을 향한 원칙입니다. 그리고 그 원칙들은 고정불변의 것이 아닙니다. 시대정신에 부합하는지 계속해서 점검하여 업그레이드해야 합니다. 생물학에는 '공진화Coevolution'라는 개념이 있습니다. 어떤 생물 집단이 진화할 때 상호작용을 통해 다른 생물 집단의 진화까지 돕는 현상을 가리킵니다. 꿀벌과 꽃의 관계가 대표적이라 할 수 있습니다. 권위가 신뢰를 얻는 과정은 공진화 과정입니다. 누군가에게 신뢰를 주면, 그 신뢰에 대한 보답으로 더욱 신뢰받는 행동을 하게 됩니다. 누군가의 권위를 인정할 때, 자신의 권위도 올라갑니다. 제로섬Zero-sum의 게임 법칙을 포지티브섬Positive-sum으로 바꾸어주는 것이 필요한 시대입니다.

'답게'가 만드는 품격

2022년 타계한 이어령 교수는 김지수 문화전문기자와의 인터뷰에서 "너답게 세상에 존재했어? 너만의 이야기로 존재했어?"라는 질문을 던져야 한다고 말합니다. 누군가로 살아간 것이 아니라 내가 중심이 되어 나의 삶을 살아야 후회 없는 삶이자 품격을 갖춘 삶이라 할 수 있다는, 시대를 대표하는 노교수의 마지막 질문이 무겁게 느껴집니다. 아일랜드의 시인이자 극작가인 오스카

와일드의 "삶을 볼 때마다 모든 훌륭한 것들 뒤에는 개인이 있었고, 시대가 인간을 만든 것이 아니라 인간이 시대를 창조했다는 사실이 더욱 확고해진다"라는 말과 일맥상통한다고 볼 수 있습니다. 품격은 내가 나의 삶이나 일, 관계에 있어서 주인이 될 때 달성할 수 있습니다. 주인이 된다는 것은 질문하고 배우는 사람이 된다는 의미입니다. 질문을 학습과 성장의 자극제로 삼는 사람이 주인입니다. 자신의 믿음과 행동에 의문을 제기하는 것이 최고의 성장법입니다.

칸트는 '미성숙'을 타인의 가르침 없이는 자신의 지성을 스스로 사용하지 못하는 상태라고 정의합니다. 그리고 미성숙과 성숙을 나누는 기준은 결단과 용기라고 말합니다. 사람들이 미성숙에 머무르는 이유는 지성이 없어서가 아니라 자신의 지성을 사용할 결단과 용기를 내지 못하기 때문이라고 본 것입니다. 우리가 통념상 알고 있는 성숙의 개념과는 다릅니다. 칸트는 몸과 마음이 완전히 자라서 안정된다는 뜻이 아니라 스스로의 힘으로 세상을 바꿔나가는 것을 성숙이라 생각했습니다. 내 안에 세상을 바꿀 수 있는 힘이 있다는 사실을 자각하고, 불합리한 일에 침묵이나 외면으로 대응하는 것이 아니라 공동체에서 함께 살아가고 있는 구성원을 위해 최선의 방법이 무엇인지 생각해 행동하는 것입니다.

나다움을 잃지 않고 스스로 생각할 수 있는 성숙함을 갖추었을 때 우리는 '품격 있는 사람'이라고 평가합니다. 품격 있는 사람들은 이런 품격의 개념을 명확히 알고 있기에 새로운 세대에게 도전하는 마음을 심어주고, 자유를 갈망하도록 하며, 실패에도 꺾이지 않도록 응원을 보냅니다. 이것이 정해진 답을 알려주는 것보다 더 중요하다는 사실을 알기 때문입니다. 알베르 카뮈는 "나는 반항한다. 고로 존재한다"라는 말을 통해 반항하는 삶은 '노No'라고 거부하는 삶을 넘어 포기하지 않는 삶임을 강조했습니다. 사회뿐만 아니라 모든 학문과 예술의 발전은 의심과 반항을 품은 사람들이 존재한 덕분입니다. 새로운 세대가 꼰대 같다고 느끼는 기성세대의 법칙들도 그들이 새로운 세대였을 때 기존의 것을 부수고 다시 만든 것입니다. 틀을 깨려는 사람들을 존중해주는 태도와 기존의 틀을 만들려고 혼신의 노력을 했던 사람들에 대한 존경이 어우러질 때에야 건강하고 품격 있는 조직이 만들어집니다.

권위주의를 이겨내는 힘은 존중입니다. 존중은 상대방을 높게 대할 때 나타나는 감정입니다. 존중의 마음이 없다면 아무리 예의를 갖춘다고 해도 진정성이 전달되지 않습니다. 현시대는 우리가 존중해야 할 범위가 점점 넓어지는 양상을 보이고 있습니다. 과거에는 그 사람의 학력, 경력, 직위 등만 존중해주면 되었지만, 지금은 사생활, 개인적 공간, 철학, 종교 등 모든 것을 존중해주어야 하는 사회로 바뀌고 있습니다. 또한 존중의 방향이 아래에서 위로만 향했었다면, 지금은 사방으로 향해야 합니다. 그 사람을 둘러싼 모든 것, 그 사람다운 것을 인정해줘야 합니다. 테슬라의 창업자 일론 머스크는 "너무 기술적인 것에만 집중한 나머지 인간적인 부분이 중요하다는 사실을 간과"한 것이 자신이 비즈니스를 하면서 가장 크게 한 실수라고 밝힙니다. 인간으로서 갖추어야 할 품격이 모든 것에 우선한다는 것을 뒤늦게 깨달은 사람의 반성입니다.

누군가는 지금 조직들이 경험하고 있는 다양한 문제의 근본 원인이 권위의 부재라고 말합니다. 하지만 권위가 부재한다기보다는 과거의 권위가 무너지고 새로운 권위가 형성되고 있는 과정입니다. 전문성, 진정성, 공정성 등 주변 사람들로부터 인정받고 수용되는 요소가 무엇인지 잘 살피고, 스스로를 단련해가는 수밖에는 없습니다. 경험이 많은 사람이 아니라 꾸준히 학습하는 사람이 품격을 갖춘 사람입니다. 학습은 배울 게 있음을 깨닫는 겸손함을 필요로 합니다. '겸손함Humility'의 어원은 '땅에서부터'라는 뜻을 가진 라틴어입니다. 겸손함은 얼마든지 오류를 저지르고 잘못할 수 있음을 인정하면서 땅에 뿌리를 튼튼하게 내리는 것입니다. 튼튼하게 뿌리를 내리는 것만이 권위주의의 유혹에서도 품격을 갖추어갈 수 있도록 합니다.

Part. 2-4

평균화의 함정 극복하기

애니멀 스피릿의 본질

야성적 충동을 뜻하는 '애니멀 스피릿Animal Spirit'은 케인스John M. Keynes가 『고용, 이자 및 화폐에 관한 일반이론*The general theory of employment, interest and money*』에서 소개한 단어입니다. 차가운 이성만으로는 설명되지 않는 인간의 비합리성을 표현한 단어로, 경제 활동에서 종종 나타나는 주관적이고 비합리적인 동기와 행동을 가리킵니다. 즉 경제 활동은 데이터에 기반한 숫자적인 합리성에 따라 결정되고 실행되는 것이 많으나, 현실적으로는 감정적인 요소에도 좌우된다는 것입니다. 케인스는 인간의 적극적인 활동은 수학적 기대치보다 미래에 대한 주관적 기대와 의지가 만나 이루어지는 것임을 강조합니다.

2013년 노벨경제학상을 수상한 로버트 실러Robert J. Shiller 교수는 야성적 충동을 '직감Gut Feelings'이라 부르며, 야성적 충동에는 다섯 가지 요소가 영향을 미친다고 말합니다. 첫 번째가 자신감Confidence입니다. 개인적인 자신감이 아니라 미래에 대한 사회적 시각이나 분위기를 가리킵니다. 자신감은 모든 활동의 승수효과를 만듭니다. 선순환이냐 악순환이냐에 개의치 않고 모든 것을 예상보다 빠르게 증폭시키는 역할을 담당하는 감정입니다. 두 번째는 공정성에 대한 인식입니다. 사람들은 어떤 의사결정을 할 때 개인적인 이득과 손해만으로 결정하지 않는다는 것입니다. 어떤 행동을 할 때 사회적으로 지탄받는 것은 아닌지 혹은 자신이 받은 보상이 사회적 상식에 비추어 적합한지 확인합니다. 되도록 사회적 규범과 압력에서 벗어나지 않는 선택을 함으로써 경제적으로는 설명할 수 없는 선택을 하기도 합니다. 세 번째는 부패와 불신Corruption and Bad Faith의 정도로, 사회적 신뢰도를 말합니다. 부정을 저지르거나 나쁜 동기에 따라 행동하는 사람이나 조직이 많아질수록 개인도 거기에 편승하는 선택을 할 가능성이 높아집니다. 사회의 지속가능성을 파괴한다는 점을 잘 알면서도 나만 손해 볼 수 없다는 이기적 감정이 조절되지 못하는 것입니다. 네 번째는 착각Illusion입니다. 숫자와 현실을 구분하지 못하는 현상입니다. 명목변수는 화폐단위로 측정된 경제

변수이고 실질변수는 실물 단위로 측정된 변수입니다. 예를 들어 급여가 5% 올랐을 때, 올라간 5%는 명목변수이고 물가상승률을 감안한 임금인상률은 실질변수입니다. 어떤 선택을 하기 위해서는 실질변수를 기준으로 해야 하는데 착각 때문에 명목변수를 기준으로 하는 것입니다. 숫자는 사람을 속일 수 있다는 의미와 유사합니다. 마지막은 이야기Stories입니다. 사람들은 이야기를 바탕으로 사물을 생각하고 행동을 결정합니다. 그럴싸한 이야기를 만들어 퍼트린 후, 그 이야기에 맞게 선택하고 행동하도록 하는 것입니다. 호모사피엔스가 눈에 보이지 않는 것을 믿는 유일한 존재인 만큼 이야기는 강력한 힘을 발휘해 합리적 선택에 영향을 미칩니다. 실러 교수는 부모들이 자녀에게 자유를 줄 때 적절한 한계치를 설정해주는 것처럼, 자신감, 공정성, 부패와 불신, 착각, 이야기를 통해 만들어지는 야성적 충동에 너무 빠지지 않게 선을 그어주는 것이 필요하다고 말합니다. 야성적 충동이 경제활동의 원동력으로서 힘을 가지고 있으나 이런 힘이 공공선을 달성하는 데 사용될 수 있도록 관리해야 함을 강조한 것입니다.

애니멀 스피릿을 경제로 끌고 들어와 대중화시킨 사람은 케인스이지만, 이 표현은 고대부터 사용된 것으로 알려져 있습니다. 고대 그리스와 로마 사람들은 인간을 움직이게 하는 혼을 'Spiritus Animales'라고 정의했고, 『인간 본성에 관한 논고』

를 쓴 18세기 영국의 철학자 데이비드 흄David Hume은 이익에 대한 욕망을 애니멀 스피릿이라고 표현하며 야성적 충동이 모든 시간, 장소, 사람에게 적용되는 보편적 열정이라고 봅니다. 뉴턴도 인체 내에서 애니멀 스피릿이 빛의 속도로 움직인다는 가설을 제시하기도 했습니다. 이후 심리학과 생리학이 발달하는 과정에서도 애니멀 스피릿이라는 단어가 심심치 않게 사용되었으며, 단순히 동물이나 야만을 뜻하는 단어로 보는 시각에서 벗어나 생명의 근원이자 활력, 생명력을 뜻하는 단어로 자리 잡게 됩니다. 케인스가 경제에 활력을 불어넣는 기업인들의 비이성적 낙관주의와 모험 정신을 애니멀 스피릿이라고 표현한 것도 이런 개념의 확장 과정을 통해서이지 않을까 추측해봅니다.

애니멀 스피릿을 경영 관점에서 본다면 '기업가 정신Entrepreneurship'과 맥이 닿아 있다고 할 수 있습니다. '앙트러프러너십'은 프랑스어로 '시도하다, 모험하다'를 뜻하는 동사인 'entreprendre'에서 유래했습니다. 앙트러프러너 개념을 처음 도입한 사람은 17세기 말에서 18세기 초반에 활동한 프랑스의 경제학자 리처드 캉티용Richard Cantillon으로 알려져 있습니다. 그는 이윤을 위해 스스로 위험을 감수하며 사업을 영위하는 사람들을 앙트러프러너로 규정합니다. 이후 슘페터Joseph A. Schumpeter와 드러커 등에 의해 불확실성과 위험을 감수하고, 창조적 파괴와 혁신을 통해 새로운 사업 기회를 만들어내는 도전 정신 등의 의미로 자리 잡게 됩니다. 휴렛팩커드의 공동 창업자인 데이비드 패커드David Packard는 "회사는 굶주림 때문이 아니라 소화불량으로 죽는다"라고 지적합니다. 조직이 성장하면서 내적으로 복잡성이 커지고, 고객과 현장의 정보들이 조직 내부로 빠르게 흡수되지 못하는 현상이 조직을 몰락의 길로 몰고 간다는 점을 경고한 것입니다. 최근 들어 불확실성이 커지고, 혁신이 기업의 핵심 역량 중 하나로 자리 잡으면서 야성적 충동과 기업가 정신이 문화적 지향점으로 주목받고 있습니다. 특히 관료화에 빠진 조직들이 빠르고 민첩하게 움직이는 조직에 먹히는 사례가 자주 발생하고, 꾸준히 혁신할 수 있는 문화가 강조되면서 기업가 정신을 촉진하기 위한 기업문화에 대한 연구도 활발히 이루어지고 있습니다.

최진석 명예교수가 집필한 『탁월한 사유의 시선』은 애니멀 스피릿을 철학과 인간적 측면에서 잘 정의했습니다. 탁월함을 추구하는 사람들은 불편함을 느끼는 사람들이며, 불편함을 느끼는 사람만이 주도권을 갖게 된다고 말합니다. 불편함을 느껴야 변화에 대한 욕망이 생기고, 이런 욕망을 해소하기 위해 이런저런 시도를 하는 과정에서 기업가 정신이 움틉니다. 기업가들은 어제의 생존이 오늘이나 내일의 생존을 보장하지 않는다는 사실을 잘 알고 있으며, 자신들은 늘 삶과 죽음의 경계에 서 있다는 것을 동물적으로 알고 있습니다. 그래서 매일매일이 절실합니다.

넓은 초원에 홀로 서 있는 단독자처럼 스스로를 단단하게 만들고, 주변 환경의 작은 변화에도 예민하게 반응하는 것입니다. 이런 사람들의 절실한 마음이 애니멀 스피릿입니다.

최근 한국 직장인들을 대상으로 한 조사 결과에 따르면 열 명 중 한 명만이 전문가 수준의 역량을 보유하고 있고, 나머지 아홉 명은 고경력자에 그친다고 합니다. 원인을 분석해보니 직장 생활을 하고 있으나 주어진 일을 습관적으로 처리할 뿐 새로운 생각을 덧붙이지 않기 때문이었습니다. 경력이 쌓이면서 실수가 없어지고 업무에 속도가 붙다보니 스스로 전문가가 되었다고 생각하여 안주하는 것입니다. 업무 성과 평균을 내봐도 늘 상위 30% 이내에 들기 때문에 절실함도 사라집니다. 이것은 흡사 알고리즘을 통해 추천된 기사나 영상만 보면서 세상의 모든 것을 다 보고 있다고 착각하는 모습과 다름없습니다. 중요한 것은 습관화된 반응을 중단하는 것입니다. 내가 선호하는 알고리즘에서 벗어나 다른 상황을 경험해야 합니다. 그래야 예민함이 살아 있는 진짜 전문가가 될 수 있습니다.

고고학을 전공한 한 젊은 박사가 자신의 일에 대해 "우리는 화석으로 된 뼈를 발굴하는 사람이 아니라 화석이 보여주지 못한 그 생명체의 눈물과 땀을 발견하는 사람입니다"라고 말하는 영상을 본 적이 있습니다. 공룡의 뼈가 보여주는 거대함과 웅장함이 아니라 공룡이 사라질 수밖에 없었던 환경과 그 환경에 처했을 때 느꼈을 감정을 스토리로 발굴하는 것이 고고학을 하는 이유라는 말에 동의할 수밖에 없습니다. 저희 조직은 애니멀 스피릿 대신 '파이팅 스피릿Fighting Spirit'이라는 말을 사용합니다. 너무나 힘들고 지칠 때 스스로 "파이팅해보자"라고 다짐하는 모습, 불가능하다는 것이 증명될 때까지는 어떤 것도 가능하다는 절박함을 담아 만든 말입니다. 초기 교육을 할 때, 싸움을 연상시키는 그런 단어를 왜 알아야 하는지 의문을 제기한 사람들이 있어서 곤혹스러웠다는 선배의 이야기를 들었습니다. 하지만 그때마다 파이팅 스피릿이 담고 있는 의미를 설명하고 토론했다고 합니다. 차분히 설명해준 사람도 대단하지만 문제를 제기한 사람도 너무나 훌륭하다고 생각합니다. 서로의 관점이 부딪치는 상황을 주저하지 않은 것이기 때문입니다. 이런 생의 의지와 열정이 담긴 것이 애니멀 스피릿입니다.

완벽주의가 아닌 완결주의

코로나19로 대면 활동이 어려워지면서 모든 교육과 연수가 온라인으로 진행되었습니다. 신입 직원 연수도 마찬가지였습니다. 신입 직원 연수에서는 앞으로 하게 될 업무에 대한 지식을 쌓기도 하지만 조직 내에 형성되어 있는 암묵지를 익히는 것이 필수적입니다. 관계를 형성하는 법, 기본적인 업무 매너, 해당 조직에서 중요하게 생각하는 워크 에식Work Ethic 등 말과 글로는 전달할 수 없는 것들을 연수 전반에 녹여 자연스럽게 체득할 수 있도록 하는 것입니다. 하지만 비대면 환경에서는 이런 내용을 전달하기가 쉽지 않습니다. 이런 것들은 가르치기보다는 학습되는 것이기 때문입니다. 그래서 비대면 기간 동안 강화한 것이 신입 직원들에 대한 현장 멘토링이었습니다. 온라인 연수를 통해 배움의 시간을 가진 뒤, 현장에서 멘토를 통해 익힘을 경험하도록 한 것입니다. 이를 위해 부서장이 추천한 사람과 신입 직원을 연결만 시켰던 방식을 수정해 선발된 멘토에 대한 멘토링 교육, 멘토링에 참여하고 있는 멘토와 신입 직원에 대한 포커스 그룹 인터뷰FGI 등을 통한 개선점 발굴 등을 정기적으로 진행했습니다. 이때 문화적 개선점으로 지적된 것이 완벽주의와 비교하는 문화였습니다.

완벽주의란 자신을 향해 높은 기준을 설정하고 보다 완성된 모습을 만들고자 끊임없이 노력하는 성향을 뜻합니다. 현재보다 더 완벽한 상태가 있음을 가정하고 계속해서 자신을 단련하는 것입니다. 어찌 보면 평균주의의 함정을 깰 수 있는 아주 좋은 자세입니다. 그런데 이런 완벽주의가 두려움을 키우고 시도조차 주저하게 만들 수 있습니다. "시도가 없으면 실패가 없고, 실패가 없으면 수모도 없다"라는 알랭 드 보통의 말처럼 스스로 무엇인가를 해보려고 자신감 있게 밀어붙이기보다 자신이 완벽해 보일 수 있는 선까지만 하고 포기하게 됩니다. 실제 신입 직원들과의 인터뷰 결과, 포기하는 이유가 더 이상 알지 못해서가 아니라 "실수하는 내 모습을 견디기 어려워서"라는 답변이 많았습니다. 또한 완벽의 기준이 자신에게 있는 것이 아니라 누군가의 평가와 비교에 달렸다는 점도 완벽주의의 부정적 측면이 도드라지게 만드는 원인이었습니다. 나는 괜찮은 삶을 살았고, 앞으로도 그런 삶을 살 자신이 있다는 감정을 스스로 만드는 게 아니라 누군가와의 비교를 통해 만드는 경향을 보였습니다. 이렇게 완벽주의와 비교를 통한 인정이라는 심리가 결합되면, 평균주의가 더욱 강화되고 평균 자체가 하락하는 문제가 발생할 수 있습니다.

심리학에서 완벽주의는 세 가지로 구분됩니다. 스스로의 완벽을 추구하는 '자기지향형 완벽주의', 다른 사람의 완벽을 요구하는 '타인지향형 완벽주의', 내가 완벽한 모습을 보이기를 주변 사람들이 원한다고 생각하는 '사회지향형 완벽주의'입니다. 자기지향형 완벽주의가 지나치면 번아웃 신드롬에 빠질 가능성이 높습니다. 두 번째 타인지향형 완벽주의는 권위적 모습의 전형입니다. 특히, 본인은 그런 수준을 맞추지 못하면서 타인에게만 강요하는 것은 조직의 신뢰 자본마저 훼손하는 큰 문제입니다. 세 번째 사회지향형 완벽주의는 타인의 인정을 갈구하고, 결과가 좋지 못할 것 같으면 처음부터 피하고, 문제가 생기면 이를 숨기고 자신의 실패를 부정하는 모습을 띠게 됩니다. 현시대는 어느 한 순간 완벽했다고 해서 완벽이 영원히 지속될 수 없습니다. 오히려 다양한 시도를 하며 시행착오를 겪더라도 이를 이겨내는 회복 탄력성이 훨씬 중요한 시대입니다. 시행착오를 전혀 허락하지 않으면서 회복 탄력성을 높이겠다는 생각은, 말하자면 뜨거운 아이스 아메리카노를 마시겠다는 생각과 같습니다.

평균화의 문제를 해결하기 위해서는 완벽주의보다 완결주의가 필요합니다. 완결주의는 완벽한 결과에만 집중하는 것이 아니라 어떤 일의 시작부터 끝까지 완수해내는 경험, 완성시키는 연습을 통해 실력을 쌓아가는 문화입니다. 작은 실수에 집착하지 않고 '실수나 실패 없이는 배움도 없다'는 사실을 인지하며 '완벽한 배움'을 추구하는 것입니다. 완벽주의가 가지고 있는 오류 중 하나가 흑백논리입니다. 완벽을 좇는 사람들에게는 완벽한 결말이 아니면 모두 불완전한 것이 됩니다. 하지만 이런 사고에서 벗어나 "이번에는 70% 수준까지 갔으니 다음에는 75%까지 가봐야겠다"라고 접근하면 투입한 노력 또한 헛되다고 평가받지 않을 것입니다. 노자老子는 "기분이 우울하면 과거에 사는 것이고, 불안하면 미래에 사는 것이다. 하지만 기분이 평안하다면 현재를 살고 있는 것이다"라고 말했습니다. 지나치게 미래만 보고 달릴 때의 불안감에서 벗어나 현재 주어진 일을 하나하나 완결하면서 느끼는 행복감과 균형을 맞추라는 뜻입니다. 그래야 번아웃되지 않고 미래를 향해 한 걸음 한 걸음 다가갈 수 있기 때문입니다. 『나는 나로 살기로 했다』의 저자 김수현은 자신의 삶을 통제할 수 있다는 자기 신뢰는 절대 실패하지 않을 것이라고 믿을 때가 아니라, 스스로 최선의 결정을 내렸고 죽이 되든 밥이 되든 그 결과까지 겸허히 책임질 때 얻을 수 있다고 말했습니다. 우리도 이제부터 완벽주의에서 벗어나 완결에 더 큰 의미를 부여하려는 노력을 해야 할 것 같습니다.

올바른 일체감 만들기

기업문화의 중요한 역할 중 하나가 기업 내 구성원에게 일체감과 정체성을 주는 것입니다. 일체감이란 다른 사람과 어울려 하나됨을 느끼는 감정으로, 관계를 맺고 있는 조직 또는 사람과 자신을 동일시하는 마음을 뜻합니다. 일체감을 느끼면 그것은 정체성이 됩니다. 나의 감정이 투영되어 '조직이 곧 나'라는 생각을 갖고, 한 조직의 의무와 금기의 총합이라 할 수 있는 문화를 적극적으로 수용하고 실천하는 모습을 보입니다. 하지만 일체감이 과할 경우 구성원 모두 비슷비슷한 생각만 하게 되어 조직의 유연성과 역동성이 약화되는 부작용이 발생합니다. 또한, 조직의 존재 이유이자 목적과 일체화되는 것이 아니라 자신이 속한 단위 조직의 목표나 같이 일하는 상사와 일체화되면 파벌이 형성되거나 특정인을 우상화하는 현상이 발생합니다. 외부에 민감하기보다 내부적인 역학 관계에 관심을 갖게 되어 조직이나 개인이 갖추어야 할 애니멀 스피릿이 약화됩니다. 결국 과도한 일체감은 조직의 관료화와 권위주의, 직원들의 평균화를 부추겨 기업문화를 퇴행하게 만듭니다.

바이브컴퍼니 생활변화관측소의 조사에 따르면 한국인이 생각하는 일체감 또는 동질감의 정의가 달라졌다고 합니다. 개인이 중시되고, 사회적으로 적절한 거리가 어떠해야 하는지에 대한 논의가 계속되고 있지만, 일체감 자체에 대해서 부정하지는 않습니다. 다만 일체감을 느끼는 방식에서 변화가 나타나고 있습니다. 일체감이 특정 조직에 소속되어 만들어지기보다는 취향이나 라이프 스타일 등의 공유를 통해 만들어지고 있다는 점입니다. 『2022 트렌드 노트』에서는 "동질감이라는 감정은 테두리와 위계질서를 통해 만들어지는 것이 아니라 개인이 팔을 걸고 자연스럽게 이합집산하면서 느껴지는 감정이다"라고 정의합니다. 이제는 일체감이 아니라 연결감이 중요한 시대가 된 것입니다. 연결감이란 서로 연결되어 있음을 느끼는 감정입니다. 완전히 하나가 된 느낌이 아니라 서로 영향을 주고받는 관계로 인식하고 설정하는 것입니다. 나와 조직이 하나가 아니라, 나와 조직은 연결되어 있다고 믿는 것입니다.

연결의 과정에서 중요해지는 것이 워크 에식입니다. 워크 에식은 '직업윤리'로 번역되지만 그렇게만 단정 짓기에는 훨씬 넓은 단어입니다. 영어 사전에서 워크 에식은 일에 대한 가치관, 태도, 성실성, 노력, 집념 등을 포괄하는 개념으로 나옵니다. 워크 에식은 원래 스포츠 분야에서 선수를 평가할 때 사용하던 표현입니다. 특히 누군가와 장기 계약을 맺을 때 부상 등을 살피는 메디컬 체크업과 함께 가장 중요하게 보는 요소입니다. 프로 선수로서 자기 관리에 얼마나 철저한지, 그러한 철저함이 누군가의 통제가 아니라 자율성에 기인한 것인지, 스스로에게 적용하는 워크 에식이 타 선수에게 모범이 되는지 등을 판단해 해당 팀의 철학과 일치하면 장기 계약을 하는 것입니다. 앞서 소개한 실리콘밸리의 전설적 코치인 캠벨 또한 워크 에식의 중요성을 매우 강조합니다. 그가 말한 워크 에식은 '옛날 어른들의 방식Old-fashioned Adult Supervision'이라 불리기도 했습니다. 정해진 마감일 등 약속 시간을 절대 어기지 않기, 고객이 요구하는 수준보다 1%라도 높은 질 유지하기, 스스로 최고의 노력을 쏟지 못한다면 솔직하게 고백하기 등입니다. 어찌 보면 당연한 이야기들을 세계적인 기술 전문가들에게 코칭한 것입니다. 그만큼 연결을 유지하기 위해서는 신뢰가 중요하기 때문입니다. 한두 번은 속일 수 있을지 몰라도 연결감의 세계에서 신뢰할 수 없는 관계는 결국 유지되지 못합니다.

워크 에식이 일과 자신에 대한 올바른 일체감이라면, 공감은 사람과 사람, 사람과 조직이 만들어내는 올바른 일체감의 원칙이라 할 수 있습니다. 제러미 리프킨은 『공감의 시대』에서 인간 사회가 엔트로피를 이겨내고 지금의 번영을 이룩한 것은 공감의 힘 덕분이라고 주장합니다. 그는 환경 파괴, 생물종의 다양성 파괴 등 엔트로피가 폭발적으로 늘어나고 있는 상황에서 지구에 살고 있는 모든 존재가 함께 살아야 한다는 공존의식이 생겨났고, 이로 인해 엔트로피를 억제하려는 활동이 세계적으로 늘어나고 있는 현상을 크게 환영합니다. 이성적·감성적·영적 능력이 통합된 공감 능력이 지구의 지속가능성을 이끌 에너지라고 본 것입니다. 인간을 공감하는 존재로 보는 과학철학자 장대익 교수는 『공감의 반경』에서 공감은 깊이보다 넓이가 중요하다고 지적합니다. 특정한 영역에 대한 너무 깊은 공감은 다른 존재에 대한 혐오와 연결될 가능성이 크기에 지금 시대에 필요한 것은 다양한 사람들과 연결감을 느끼는 공감의 반경이라는 것입니다. 나와 깊은 관계가 있는 것에만 공감할 게 아니라 느슨하게 연결되어 있는 존재, 아직은 연결되어 있지 않으나 언젠가 연결될 존재에게로 공감의 반경을 넓혀야 합니다. 이러한 삶이 카뮈가 "원칙이란 큰일에나 적용하는 것이며, 작은 일들과의 관계에서는 연민만으로도 충분하다"라고 말한 삶이라고 생각합니다. 조금 더 친절하고, 조금 더 베푼다는 마음으로 삶을 일구어나갈 때 진정한 공감을 만들 수 있습니다.

'컴패션Compassion' 또한 중요합니다. 워크 에식과 마찬가지로 컴패션을 동정이나 연민으로만 해석하기에는 한계가 있습니다. 컴패션이란 다른 사람의 어려움과 고민을 먼저 알아차리고, 이를 관대하게 해석해 돕는 것을 뜻합니다. 컴패션의 대상은 조직과 사회도 될 수 있지만, 개인에게 보다 초점을 맞춥니다. 누군가의 어려움을 개인적인 문제로만 치부하지 않고 같이 해결하고자 노력하는 것입니다. 강한 일체감이 있는 조직에서 자주 들을 수 있는 이야기가 있습니다. "개인적 감정은 출근할 때 집에 두고 오는 것이다", "직장은 직장, 가정은 가정인 만큼 개인적 감정은 절대 자제해야 한다"와 같은 말입니다. 하지만 실증 연구에 따르면 누군가 나의 고통과 어려움을 알아주는 것만으로도 업무 몰입도, 조직 몰입도, 동기 수준에 긍정적 영향을 미치고, 결국 조직 성과도 올라가는 것으로 나타났습니다. 따라서 과거처럼 개성이 모두 사라지고 하나된 모습의 일체감이 아니라 한 사람, 한 사람의 감정과 어려움에도 관심을 갖는 것이 건전한 일체감을 형성하는 데 훨씬 유리합니다. 올바른 워크 에식, 공감 능력, 컴패션은 일체감이 수반하는 부정적 효과를 막을 수 있는 방법입니다. 이제는 새로운 일체감이 필요합니다.

미래성의 본질, 상상력

갈릴레오가 활동하던 17세기, 셀럽들에게 매우 유행했던 제품이 하나 있습니다. 바로 망원경입니다. 망원경은 1608년 네덜란드의 안경 제작사였던 한스 리퍼세이Hans Lippershey에 의해 발명되었습니다. 그는 볼록렌즈와 오목렌즈를 일정한 거리를 유지한 채 사물을 보면, 사물이 실제 크기보다 훨씬 크게 보인다는 사실을 발견하고, 두 렌즈를 원통에 넣어 판매했습니다. 망원경은 입소문이 나면서 당대 귀족들의 '머스트 해브Must have 아이템'이 됩니다. 귀족들은 망원경을 그들이 즐겨 하던 사냥이나 놀이에 사용합니다. 멀리 있는 것을 볼 수 있는 기능에만 관심이 있었기 때문입니다. 그런데 갈릴레오는 달랐습니다. 멀리 있는 것을 볼 수 있다는 기능을 바탕으로 다양한 상상을 합니다. 그리고 그 상상은 하늘까지 닿습니다. 망원경의 방향을 땅에서 하늘로 바꾸자 새로운 것이 보였습니다. 달의 표면이 울퉁불퉁하다는 것도, 토성에 고리와 위성이 존재한다는 사실도 발견합니다. '그래도 지구는 돈다'는 그의 생각이 시작된 것입니다. 이 이야기에서처럼 같은 도구가 주어졌더라도 그것을 어떻게 활용하느냐에 따라 결과는 천차만별입니다.

기업문화에서도 이런 현상을 자주 볼 수 있습니다. 소통 원칙, 회의 방법, 보고문화 등 실생활에서 필요한 다양한 이론들을 배우지만 그것을 실천해보는 사람은 몇이나 될까요? 실천해봐야 무엇이 나에게 맞고, 무엇이 맞지 않는지를 알 수 있습니다. 그리고 어떤 것이 본질이었는지 깨달을 수 있습니다. 본질을 본다는 것은 콘텐츠Contents를 넘어 콘텍스트Context를 이해한다는 뜻입니다. 맥락과 맥락 속에 숨겨진 다양한 관계를 보는 것입니다. 결국 상상력이란 맥락의 풍부성을 이야기합니다. 호랑이, 원숭이, 바나나를 관계있는 것끼리 묶어보라는 실험을 했을 때, 호랑이와 원숭이를 묶거나 원숭이와 바나나를 묶는 사람이 모두 존재해야 합니다.

선풍기를 틀면 왜 시원해지는지 알고 계시나요? 선풍기 바람이 시원한 이유는 체온으로 인해 뜨거워진 몸 주변의 공기를 바람을 활용해 다른 곳으로 보내기 때문입니다. 몸으로 인해 데워진 공기를 새로운 공기로 바꿔치기하는 것입니다. 이 원리를 알아야 다양한 상상을 할 수 있습니다. 만약 선풍기 바람이 시원한 이유를 모터가 프로펠러를 돌려서라고 생각하면, 우리는 모터를 만들고 프로펠러 모양에만 집중할 것입니다. 그런데 시원해지는 원리를 알면 달라집니다. 체온으로 뜨거워진 주변 공기를 바꾸는 것이 이 기계의 본질이니 선풍기를 만들려고 하는 게 아니라 주변 공기를 바꿔주는 다른 방법을 상상합니다. 달리기를 해 몸 주변의 공기를 순환시킬 수도 있고, 바람이 잘 통하는 쪽으로 이동할 수도 있습니다. 실행의 범위를 넓혀주는 것입니다.

아인슈타인은 "지식보다 중요한 것이 상상력이다"라고 말했습니다. 그러면서 스스로의 무지無知를 절대 과소평가하지 말라는 뼈아픈 조언도 같이 남깁니다. 그래서 늘 질문해야 한다고 말한 것입니다. 질문을 단순히 지식을 얻는 도구로만 생각해서는 안 됩니다. 그보다 더 넓고 본질적인 질문도 포기하지 않고 묻고 생각해야 합니다. 현실에 발을 딛고 서 있되 늘 새로운 날들을 상상하며 그것을 그려보는 연습을 해야 합니다. 끝없이 묻고 답을 찾는 과정에서 완벽해질 수는 없어도, 완성되어간다고 느낄 수 있습니다.

미래학자이자 싱귤래리티대학교의 공동 창립자인 레이먼드 커즈와일Raymond Kurzweil은 2045년이 되면 인공지능과 기술이 인간의 모든 지능과 역량의 총합을 뛰어넘는 싱귤래리티Singularity, 특이점에 도달할 것으로 전망합니다. 특히 그는 코로나19가 인간의 진보는 조금 후퇴시켰으나 기술의 진보는 훨씬 빠르게 해주었다는 점을 들며, 싱귤래리티의 순간이 더 빨라질 수 있음을 강조했습니다. 그러면서 강조한 것이 '실천하며 배운다Learning by doing'입니다. 뇌가 상상할 수 있는 것 이상으로 세상이 바뀌기 때문에 생각만으로 변화를 따라잡으려는 방식을 버리고 몸도 활용해야 한다는 뜻입니다. 뇌와 몸으로 같이 배워야 세상을 바꿀 진짜 아이디어가 나온다고 본 것입니다. 또한 기술은 기술 자체로 의미 있는 것이 아니라 인간의 삶을 더욱 풍요롭고 행복하게 만들 때만 의미가 있다고 말합니다. 사실 이것은 스티브 잡스가 컴퓨터를 자전거에 비유했던 것과 비슷합니다. 잡스는 걸어가던 사람이 자전거를 타면 동일한 에너지 소모로 더 멀리, 더 빨리 이동할 수 있는 것처럼 기술이 인간의 지성과 상상력을 확장하는 효율적 도구가 되어야 한다고 생각했습니다. 그래서 애플 컴퓨터의 이름을 매킨토시가 아니라 '바이시클Bicycle'로 하려고 했다는 이야기는 매우 유명합니다.

기술이 발달하면서 인간의 주도적 학습 능력이 더욱 중요해졌습니다. 스스로 미래를 그리고 만들어내야 하기 때문입니다. 헨리 포드Henry Ford가 1903년 자동차회사를 세우고 은행에 대출을 상담하러 갔을 때, 당시 은행장이 "멀쩡한 말들이 이렇게 많은데 자동차 사업이 가능하겠습니까?"라며 대출을 거절했다고 합니다. 상상이 더해지지 못한 것입니다. "세상이 변화하는 속도는 오늘 가장 느리다"라는 말이 있습니다. 상상은 지적 허영심이 아닙니다. 미래를 위한 생존 전략이자 조직의 역동성을 유지시키는 중요한 에너지입니다.

우매함의 봉우리와 절망의 계곡 넘기

남극을 조사하는 사람들에게 가장 위험하다고 생각하는 것이

뭐냐고 물으면 '크레바스Crevasse'를 꼽는다고 합니다. 크레바스란 빙하의 표면에 생긴 깊은 균열로, 최소 10미터에서 지형에 따라 최대 수백 미터에 이른다고 알려져 있습니다. 벽면 하부에는 엄청난 무게의 눈이 압축되어 굳어져 있어, 사람들이 그곳에 홈을 내고 올라가는 것이 사실상 불가능할 정도입니다. 그리고 균열의 모양도 천차만별이어서 그 끝을 알기가 어렵습니다. 그래서 크레바스를 '죽음의 협곡'이라 부르기도 합니다. 크레바스의 이런 특징 때문인지 다양한 분야에서 이 단어를 사용합니다. 금융업계에서는 은퇴 후 연금 수령 시점까지 소득이 급격히 줄어드는 기간을 '소득 크레바스'라 부르고, 혁신적 아이디어로 창업한 스타트업들이 새로운 성장 사이클을 타기 위한 스케일업 과정에서 자금을 조달하지 못하는 상황 또한 크레바스라 부릅니다. 사람이나 조직 모두 아무리 준비를 잘한다고 해도 크레바스와 마주치지 않을 수는 없습니다. 어디에 가면 크레바스가 존재할 확률이 높은지 조언을 듣거나, 갑작스레 나타난 크레바스를 건너가기 위해 튼튼한 사다리와 로프를 준비하는 수밖에 없습니다.

크레바스가 라이프 사이클에서 새로운 성장곡선으로 넘어가기 위한 피하지 못할 단계라면, 미국 코넬대학교 사회심리학과 교수였던 데이비드 더닝David Dunning과 대학원생이었던 저스틴 크루거Justin Kruger가 정의한 '우매함의 봉우리Peak of Mt. Stupid'와 '절망의 계곡Valley of Despair'은 기존 성장곡선 내에서 이겨내야 할 성장통을 의미합니다. 영국의 수학자이자 반전운동가, 노벨문학상을 받은 작가이기도 한 버트런드 러셀은 당대가 당면한 문제로 "무지한 사람은 자신감이 넘치고, 상상력과 이해력이 높은 사람은 의심하고 주저한다"라는 점을 지적하기도 했습니다. 자신감과 실력이 다르게 움직이는 점을 안타깝게 생각한 것입니다. 이러한 현상이 실제로 현실에서 나타나는지 확인하기 위해 더닝과 크루거는 실험을 진행합니다. 그 결과, 능력이 부족한 사람들이 자신의 능력을 과대평가하고, 다른 사람의 능력을 알아보지 못하며, 자신의 능력 부족으로 생긴 문제를 알아보지 못했습니다. 단, 지속적으로 노력하고 훈련한 결과 이전에 보였던 자신의 모습이 우매한 행동이었음을 알아차리고 좌절했으며, 그것을 극복하는 과정에서는 자신감을 회복하는 모습을 보여주었습니다.

우매함의 봉우리는 얕은 지식수준에서 자신의 능력을 과대평가해 자신감이 하늘을 찌르는 모습을 표현한 말입니다. 특정 영역을 처음 접한 사람들이 거기에서 나온 단어나 개념에 친숙해지면서 모든 것을 안다는 과신이 생긴 것입니다. 무지했던 분야에서 작은 지식을 얻음으로써 갑자기 전문가가 된 듯한 착각에 빠지는 것입니다. 속담 '선무당이 사람 잡는다'와 같은 개념입니다. 이 봉우리에 머무는 순간 편견과 아집에 빠집니다. 주변 사람들의 질문과 의심을 자신의 권위에 도전하는 행위로 받아들이고 억압합니다. 또한 자신이 가장 높은 곳에 서 있다고 생각해 다른 사람들이 그 봉우리를 지나 다른 봉우리로 가는 것을 방해합니다. 자기의 수준을 뛰어넘지 못하게 하는 장애물 역할을 하는 것입니다. 이것을 이겨낼 수 있도록 하는 것이 꾸준한 학습과 외부 자극입니다. 더 큰 세상과 자신보다 뛰어난 사람이 존재한다는 사실을 만남으로 경험하게 해주는 것입니다. 이런 과정을 통해 우매함의 봉우리에 있던 사람들 중 일부는 자신감을 잃고 절망의 계곡으로 내려갑니다. 모르는 것이 많다는 사실을 이해하고 그동안의 자만을 반성하는 시기입니다. 여기서 중요한 것이 절망의 계곡을 통과하고 있는 직원이 포기하지 않도록 돕는 것입니다. 특별한 방법이 있는 것이 아닙니다. 계곡 끝에 '깨달음의 오르막Slope of Enlightenment'과 '지속가능한 고원Plateau of Sustainability'이 있다는 사실을 알려주고 기다려주는 것입니다. 신뢰할 수 있는 피드백을 주면서 회복 탄력성을 키울 수 있도록 돕는 것입니다.

조직도 우매함의 봉우리에서 우쭐댈 수 있습니다. 어떤 성취 후 그것이 전부라고 여기는 것입니다. 사람이든 조직이든 미래성을 잃을 때 쇠퇴합니다. 평균화는 결국 미래성의 상실을 뜻합니다. 지속가능한 고원에 올랐다 하더라도 거기서 멈추지 말고 또 다른 고원을 향해 전진해야 합니다. 『어린왕자』의 저자 생텍쥐페리는 "인생에는 해결 같은 것은 없다. 단지 앞으로 나아가는 에너지만 있을 뿐이다. 그런 에너지만 계속 만들면 된다. 해결은 그다음에 온다"라고 삶을 정의했습니다. 이런 생각을 계속 유지해야 합니다.

Part 3

에너지를 남기는 사람들